Holm Schneider

»Was soll aus diesem Kind bloß werden?«

Dieses Buch ist auch als E-Book erhältlich:
ISBN 978-3-86256-744-7

Die Deutsche Bibliothek verzeichnet diese Publikation in der
Deutschen Nationalbibliografie; detaillierte bibliografische
Daten sind im Internet über www.d-nb.de abrufbar

Umschlaggestaltung: spoon design, Olaf Johannson
Umschlagbild: Andreas Grasser
Umschlagbild Rückseite: Conny Wenk
Fotos im Innenteil: Frank Schniering; Privat
Satz: Neufeld Verlag
Herstellung: Werbedruck GmbH Horst Schreckhase,
Spangenberg

2. Auflage 2014

© 2014 Neufeld Verlag Schwarzenfeld
ISBN 978-3-86256-047-9, Bestell-Nummer 590 047

www.neufeld-verlag.de / www.neufeld-verlag.ch

Bleiben Sie auf dem Laufenden:
newsletter.neufeld-verlag.de
www.**facebook**.com/NeufeldVerlag
www.neufeld-verlag.de/**blog**

NEUFELD VERLAG

Holm Schneider

»Was soll aus diesem Kind bloß werden?«

7 Lebensläufe von Menschen mit Down-Syndrom

Mit einem Nachwort von Cora Halder

NEUFELD VERLAG

Inhalt

Wie dieses Buch entstand

Es war einmal ein Professor, noch nicht alt, aber schon ziemlich zerstreut, der wurde gefragt, ob er endlich den Urlaubsantrag einer Mitarbeiterin unterschrieben habe. Er versprach, es gleich zu tun. Seine Gewissensbisse nahmen zu, als er – nach diesem Antrag suchend – Papierstapel von seinem Schreibtisch auf das Fensterbrett schichtete. Er erinnerte sich vage, ihn irgendwo obenauf gelegt zu haben, weil gerade beide Telefone gleichzeitig klingelten. Aber er fand ihn nicht.

Heute Abend, nahm er sich vor, würde er erst nach Hause gehen, wenn er die Papiertürme auf dem Fensterbrett bis auf den Grund abgetragen hatte.

Sowie das Tagesgeschäft beendet war, rief der Professor seine Frau an und erklärte ihr, dass in den nächsten Stunden noch nicht mit ihm zu rechnen sei. Dann begann er aufzuräumen. Er sortierte Protokolle in Aktenordner, stopfte Briefe in die Postablage und warf vieles in den Papierkorb.

Dabei geriet ihm ein Schreiben in die Hände, in dem eine junge Frau um eine Praktikumsstelle bat. Vor Tagen hatte er es mit Interesse gelesen, doch dann beiseite geschoben. Er betrachtete das Foto der jungen Frau. Sie habe Büroerfahrung, schrieb sie, könne mit den gängigen Computerprogrammen umgehen, nach dem Zehnfingersystem tippen und anbieten, ein halbes Jahr unentgeltlich als Praktikantin zu arbeiten.

Solch ein Angebot hätte dem Professor eigentlich wie ein Geschenk des Himmels erscheinen müssen, denn seine Sekretärin war seit vielen Wochen krank und würde ihre Arbeit vermutlich gar nicht wieder aufnehmen. Solange das nicht feststand, war kein Ersatz in Sicht. Trotzdem zögerte er, der jungen Frau eine Zusage zu geben. Frühere Praktikanten kamen ihm in den Sinn, auch solche, die ihm mehr Arbeit gemacht als abgenommen hatten. Und hier ging es nicht um eine gewöhnliche Bewerberin, sondern um eine mit Down-Syndrom.

Zum zweiten Mal blätterte er jetzt in ihrem Lebenslauf und den beigefügten Papieren, die bisherige Praktika auflisteten, unter anderem in der Verwaltung einer Poliklinik. Die junge Frau hatte eine normale Hauptschule besucht und die Berufsschulstufe einer Förderschule abgeschlossen. Seitdem suchte sie offenbar beharrlich nach dem passenden Arbeitsplatz, wobei sie von einem Integrationsfachdienst unterstützt wurde. Sie war gerade 20 Jahre alt.

Der Professor kannte einige junge Menschen mit Down-Syndrom – manche seit ihren ersten Lebenstagen. Als Kinderarzt auf der Neugeborenenstation hatte er den Eltern immer bewusst zu ihrem besonderen Baby gratuliert und gesagt: »Sie werden mit diesem Kind nicht weniger Freude haben als mit einem anderen.« Das wusste er von Familien, in denen Kinder mit Down-Syndrom leben. Er hatte vor Pränataldiagnostikern ihr Lebensrecht verteidigt, sich in Publikationen für ihre Belange eingesetzt und gemeinsame Sportveranstaltungen von Menschen mit und ohne Down-Syndrom betreut. Aber noch nie hatte er ernsthaft darüber nachgedacht, einen von ihnen als Mitarbeiter zu beschäftigen, auch nicht im Rahmen eines Praktikums.

Warum eigentlich nicht? Weil für den öffentlichen Dienst das Prinzip der Bestenauswahl galt? Weil Menschen mit Down-Syndrom weniger flexibel waren als andere und vielleicht nicht schnell genug arbeiten würden? Weil dies auf Patienten und Klinikangestellte befremdlich wirken könnte? Je länger er überlegte, desto klarer wurde ihm, dass solche Argumente sich nur am Einzelfall prüfen ließen und nicht dagegensprachen, es mit der jungen Frau zu versuchen.

Am nächsten Tag teilte der Professor einem Kollegen diesen Gedanken mit. Der Kollege sah ihn erstaunt an und schüttelte den Kopf. »Das ist doch eine Patientin. Die müssen wir behandeln, aber nicht als Klinikpersonal beschäftigen«, sagte er. Irritiert begann der Professor von Inklusion zu reden. Der Kollege nickte, als verstünde er. Aber er verstand nicht.

Der Professor telefonierte mit Freunden, die ihm Zeitungsartikel schickten. An den Wochenenden forschte er im Internet nach und erfuhr von immer mehr Erwachsenen mit Down-Syndrom, die dort Arbeit gefunden hatten, wo andere auch arbeiten. Weil über den Weg dahin aber meistens nichts zu lesen war, bat er Eltern, ihm davon zu erzählen.

Die junge Frau arbeitete inzwischen als Praktikantin bei ihm und erfüllte ihre Aufgaben genauso zuverlässig wie seine alte Sekretärin. Auch ihr bisheriger Lebensweg war steinig gewesen und erinnerte ihn an die vielen anderen, von denen er gehört hatte.

Deshalb beschloss er, einige dieser Geschichten weiterzuerzählen, um Menschen mit Down-Syndrom, ihren Eltern, Freunden und Verwandten und nicht zuletzt den Arbeitsvermittlern und Personalverantwortlichen damit Mut zu machen.

Warum bekommt Anita immer, was sie will?

Anita kam 1979 im Klinikum Fürth zur Welt. Wo sie einmal zu Hause sein würde, war zunächst ungewiss, denn ihre Mutter hatte sie schon vor der Geburt zur Adoption freigegeben. Die Großeltern trauten sich die Betreuung eines Säuglings nicht zu. Da Anita nicht auf der Neugeborenen-Station bleiben konnte, wäre sie bis auf weiteres in einem Kinderheim untergebracht worden – mindestens für zwei Monate. Erst nach Ablauf dieser Frist durfte die endgültige Freigabe zur Adoption unterschrieben werden. Doch es kam anders.

Erika und Siegfried Lailach, ein Ehepaar ohne eigene Kinder, hatten im Jahr zuvor bereits einen kleinen Jungen adoptiert und planten, noch ein zweites Kind aufzunehmen. Frau Lailach war Kinderkrankenschwester. Sie wusste, dass Säuglinge sehr viel Zuwendung und Nestwärme brauchen, besonders, wenn sie krank sind, und dass ein Kinderheim keine Familie ersetzen kann. Deshalb bekundete sie beim Jugendamt ihre Bereitschaft, auch einen kranken Säugling in Pflege zu nehmen. Vier Tage später wurde Anita zu ihnen gebracht: als »Pflegekind auf Zeit, Verdacht auf Down-Syndrom«.

11

Anita war ein friedliches, genügsames Baby mit einem herzerwärmenden Lächeln. Wurde sie in ihr Bettchen gelegt, dauerte es nur wenige Minuten, bis sie schlief. Darüber war Frau Lailach froh. Doch die Krankenschwester in ihr bemerkte auch die schräg liegenden Augen und die kurzen, plumpen Finger. Sie fand das Baby sehr schlaff und anfällig für Infekte. Das Down-Syndrom, so hatte sie in ihrer Ausbildung gelernt, gehe mit Muskel- und Immunschwäche einher, mit Herzfehlern, »Schwachsinn« und verkürzter Lebenserwartung. Als nach ein paar Wochen die Diagnose feststand, kreisten viele Gespräche im Hause Lailach um Anitas Zukunft. Hätten die Eheleute eigene Kinder bekommen, wären sie für jedes – ob gesund oder nicht – dankbar gewesen. Sie hatten gewusst, dass eine Adoption nicht weniger Risiken barg als eine Schwangerschaft, aber keinen Augenblick gezögert, Heiko zu adoptieren. Und da ein eigenes Kind mit Down-Syndrom auch hätte bleiben dürfen, beschlossen sie, Anita zu behalten.

Bei den nächsten Verwandten stieß diese Entscheidung auf Unverständnis. Das könne man dem Heiko nicht zumuten, meinten die Großeltern. Noch nie habe es in der Familie ein behindertes Kind gegeben. »So etwas« hole sich doch keiner freiwillig ins Haus.

Mit dem Widerstand ihrer Eltern hatte Erika Lailach nicht gerechnet. Ihr Vater genoss als Großhändler hohes Ansehen, die Mutter war Hausfrau und im Kirchenvorstand aktiv. Könnte Anita tatsächlich dem Ruf der Familie schaden? Immer wieder musste die junge Pflegemutter sich rechtfertigen – sogar sonntags auf der Straße, wo sie von einer Bekannten zur Seite genommen und gefragt wurde: »Wissen Sie, was Sie Ihren Eltern damit antun?«

»Nein, ich weiß es nicht«, erwiderte Erika Lailach, um feste Stimme ringend. »Das Kind war da. Alles, was Sie mir vorwerfen können, ist, dass ich mich darum kümmere.«

Andere Seitenhiebe trafen noch tiefer. Weil die vom Gesundheitsamt angebotene Frühförderung sich erst im Aufbau befand, vertröstete man Anitas Pflegeeltern mit dem Satz: »Beim Down-

ANITA LAILACH, *Kindergarten-Helferin*
im Kindergarten Winkelhaid (seit 2004)

Syndrom ist's egal, ob die Förderung im ersten oder im zweiten Lebensjahr beginnt. Die Kinder erreichen sowieso nicht viel.«

Bemerkungen wie diese verstärkten in Erika Lailach das Gefühl, zwischen alle Stühle geraten zu sein. War sie mit ihrem Kinderwunsch zu weit gegangen? Würde die Behinderung dieses Kindes die ganze Familie ins Unglück stürzen? Ohne den Rückhalt ihres Mannes wäre sie wahrscheinlich in einem schwarzen Loch versunken. Doch dank seines Zuspruchs raffte sie sich wieder auf und entschied, in Eigeninitiative mit Anita zur Krankengymnastik zu gehen. Das tat beiden gut: dem schlaffen Baby und seiner angeschlagenen Pflegemutter.

Als Anita ein Jahr alt war, zog die Familie von Nürnberg in das Dorf Winkelhaid – in ein Häuschen mit Garten und großem Kinderzimmer. Herr Lailach, der als Ingenieur beim Fernmeldeamt arbeitete, stellte im Garten eine Schaukel auf und zimmerte ein Doppelstockbett für Anita und ihren anderthalb Jahre älteren Adoptivbruder. Gelegentlich kam nun eine Mitarbeiterin der Lebenshilfe mit einem Koffer voller Spielsachen ins Haus, um dem Mädchen so etwas wie Frühförderung zu bieten. Auf erneutes Drängen von Erika Lailach erhielt Anita schließlich ab 1982 angemessene Frühförderung an der Schule für Körperbehinderte in Altdorf. Dazu gehörten logopädische Übungen, Krankengymnastik, Ergotherapie und viele gute Tipps für den Alltag.

Nicht jeder bemerkte, welche Fortschritte Anita in ihrer Entwicklung machte. So wurde Heiko von einer Nachbarin gefragt: »Wann lernt deine Schwester denn endlich laufen?« Bei solchen Fragen war der Junge nie um eine Antwort verlegen: »Hat Papa dir doch schon erklärt: Die braucht halt ein bissel länger.«

Im Alter von knapp drei Jahren wurde Anita zusammen mit ihrem Bruder in der evangelischen Kirche in Winkelhaid getauft. Auf der anschließenden Familienfeier tapste sie allein von Gast zu Gast und strahlte jeden an.

Ab Herbst 1983 besuchte sie eine Kindergruppe in Altdorf, im ersten Jahr noch gemeinsam mit Heiko. Obwohl das, was Anita

Anita und Heiko

sagte, von manchen nicht gleich verstanden wurde, gab es keine Probleme, denn Heiko war ihr Dolmetscher. Sie fügte sich gut ein und nahm Anteil an vielem, was in der Gruppe geschah. Mit sechs Jahren durfte sie an die Schulvorbereitende Einrichtung des Altdorfer Wichernhauses wechseln.

Anita fuhr gern ihre Puppen im Wagen spazieren und interessierte sich sehr für Babys, die es im Bekanntenkreis immer wieder zu bestaunen gab. Einmal erzählte Heiko, dass er und Anita »bei einer anderen Frau im Bauch« gewesen seien.

»Aber an deiner Brust hab ich getrunken?«, wollte Anita von Erika Lailach wissen.

»Nein … Das geht nur, wenn das Baby vorher in Mamas Bauch war«, begann diese zu erklären.

Anita stutzte, dann sagte sie: »Na ja, meine Flasche hat auch geschmeckt.«

Die Großeltern, die anfangs nur Einwände gegen Anitas Aufnahme in die Familie vorgebracht hatten, nahmen inzwischen sehr genau wahr, dass Heiko nicht etwa unter seiner Schwester litt, sondern – im Gegenteil – von ihr profitierte. Anita war zum Ruhepol der Familie geworden, an dem der eher hyperaktiv veranlagte Junge immer wieder zur Besinnung fand. Wenn er sich mit den Eltern gestritten hatte, tröstete die kleine Schwester ihn und sorgte für rasche Versöhnung. Und Streit gab es nicht selten, seit Heiko in die Schule ging, meistens wegen unerledigter Hausaufgaben. Als der Großvater eine solche Debatte einmal miterlebte, lobte er Anita für ihr Geschick, zwischen den Fronten zu vermitteln. Irgendwann war Erika Lailach bereit zu vergessen, dass ihr Vater gesagt hatte: »Wir lassen uns kein behindertes Enkelkind vor die Nase setzen.«

Lange diskutierte das Ehepaar Lailach darüber, welche Schule Anita besuchen sollte. Für ein Kind mit Down-Syndrom kam eine normale Grundschule damals nicht in Frage. Am liebsten wäre es ihnen gewesen, Anita hätte in die Schule für Körperbehinderte im nahen Altdorf gehen dürfen, die zum Wichernhaus gehörte. Doch dort verwies man sie an die »zuständige Einrichtung für geistig Behinderte«, eine Sonderschule der Lebenshilfe mit obligatorischer Ganztagsbetreuung. Das hätte bedeutet, Anita morgens daheim abholen und erst am späten Nachmittag zurückbringen zu lassen. Dieses Angebot gefiel den Lailachs nicht. Auch als Schulkind sollte Anita so aufwachsen können wie andere Kinder: zum Mittagessen nach Hause kommen, nachmittags mit ihrem Bruder und den Nachbarskindern spielen. Schließlich zeigte sich die anthroposophische Karl-König-Schule für »seelenpflegebedürftige Kinder« in Nürnberg bereit, diesen Wunsch zu akzeptieren.

Schon bald nach der Einschulung war Anita unglücklich darüber, das einzige Kind in ihrer Klasse zu sein, das überhaupt ein paar Worte sprach. Sie durfte eine Klassenstufe überspringen. Ein Jahr darauf hatte sie das Alphabet gelernt und konnte Texte abschreiben. Sie lernte schwimmen und Rad fahren, was den Eltern viel Geduld abverlangte. Doch immer, wenn Anitas motorische Fähigkeiten gefördert wurden, schien auch ihre geistige Entwicklung einen Sprung zu machen.

Anita und Heiko verstanden sich gut. Was ihr von den Erwachsenen nicht vermittelt wurde, das brachte er ihr bei. Aber auch Heiko konnte manches von seiner Schwester lernen. Einmal hatte er auf dem Altdorfer Trödelmarkt ein Buch entdeckt, das er unbedingt haben wollte, weil es herrliche Bilder von Polizeiautos enthielt. Er zog die Mutter zum Tisch des Händlers, um sie zum Kauf zu überreden.

»Das geht leider nicht, wir haben nicht mehr genug Bargeld dabei«, erklärte Frau Lailach.

»Ich will es aber!«, rief Heiko und schlug mit der Faust auf den Tisch.

Seine Mutter schüttelte den Kopf.

»Darf ich's mal anschauen?«, bat Anita den Händler.

Sie blätterte eine Weile darin, gab es mit einem strahlenden Lächeln zurück und sagte: »So ein schönes Buch! Nur haben wir kein Geld mehr. Leider. Wo gibt's das denn zu kaufen?«

Der Händler schmunzelte und schenkte ihr das Buch. Anita verstand es eben, die meisten Leute um den Finger zu wickeln.

Heiko maulte: »Warum bekommt die immer alles, was sie will?«

»Schau mal genau hin, wie Anita das macht«, antwortete die Mutter.

Im Herbst 1991 stand für Anita der Wechsel an die regionale Sonderschule an, die keine Ausnahme von der üblichen Ganztagsbetreuung machen wollte. Am Miteinander von Schule und Tagesstätte müsse festgehalten werden, um »die Leistungsfähigkeit des behinderten Kindes optimal zu fördern«. Das Ehepaar Lailach dagegen war überzeugt, Anita könne im Umgang mit ihrer Familie und mit Freundinnen aus der Nachbarschaft mehr fürs Leben lernen als in einer geschlossenen Behinderteneinrichtung. Als die Bezirksregierung entschied, dass für Anita keine andere Schule in Frage komme, die Eltern aber den verpflichtenden Besuch der Tagesstätte am Nachmittag ablehnten, spitzte der Streit sich zu. Die Lailachs blieben hartnäckig: Der Nachmittag gehöre der Familie. Sie entschlossen sich zu einem Schulstreik und riefen das Kultusministerium als Schlichter an. Ein ganzes Jahr lang ging Anita gar nicht zur Schule.

„Die hat es gut«, meinte Heiko, der jeden Morgen um sieben Uhr das Haus verlassen musste. Erst als die *Süddeutsche Zeitung* ausführlich über den Fall berichtete, lenkte die Schule ein und gestattete Anita, gleich nach dem Unterricht nach Hause zu gehen.

Eine andere Institution ermöglichte Anita ohne äußeren Druck einen individuellen Weg: Zwar fragte die Pfarrsekretärin bei der Anmeldung zur Konfirmation noch einmal nach: »Aber nur für Heiko?« Doch da Erika Lailach klarstellte, dass beide Kinder zusammen konfirmiert werden sollten, so wie sie auch zusammen getauft worden waren, fand sich für jedes Problem eine Lösung. Während des Jahres, in dem Anita nicht in der Schule war, erhielt sie vom Vikar daheim Extra-Konfirmandenunterricht, damit sie ohne Schwierigkeiten an den regulären Konfirmandenstunden teilnehmen konnte. Gemeinsam gestalteten sie eine Bibelzeitung, zu der Anita die Bilder beitrug und die anderen Konfirmanden den Text. Wenn sie abends die Bilder in ihrer Kinderbibel anschaute, fielen ihr nun auch die Geschichten dazu ein.

Intensiver als erwartet setzte sie sich mit der Taufe auseinander, die sie als Kind empfangen hatte. Sie lernte neben dem Vaterunser mehrere Lieder auswendig, bereitete sich voller Aufregung auf ihre erste Teilnahme am Abendmahl vor und sagte schließlich ein klares »Ja« zum christlichen Glauben. Im April 1992 feierten Anita und Heiko mit der ganzen Familie ihre Konfirmation.

Zu Hause half Anita gern in der Küche, weil es dort meistens etwas zu naschen gab. Sie ging allein einkaufen und erledigte zuverlässig ihre Hausaufgaben. War sie bei Freunden zu Besuch, kam sie zur vereinbarten Zeit zurück.

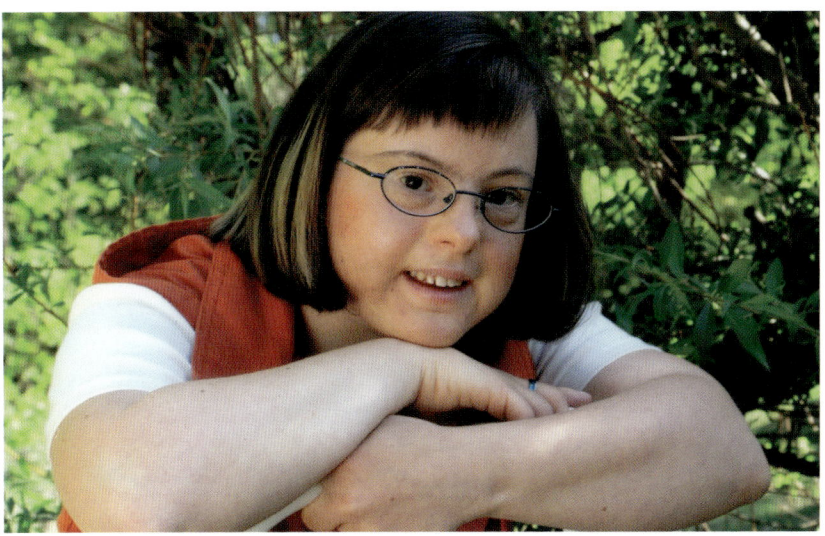

Anita im Garten

Heikos Entwicklung verlief nicht ganz so geradlinig. Seine zunehmende Unaufmerksamkeit und sein leichtfertiges Verhalten bereiteten den Eltern Kopfzerbrechen. Auch in der Schule gab es Probleme, die Heiko allein nicht zu lösen vermochte. Trotz seiner vielfältigen Begabungen stand der Junge sich oft selbst im Weg. Das Ehepaar Lailach suchte Hilfe beim Kinderarzt. Der machte mit Heiko viele Tests und verordnete ihm Ritalin. Nur mit diesem Medikament schien ein normaler Schulbesuch möglich. Daheim kam es allerdings immer öfter zu heftigen Reibereien. Nach einem lauten, bitteren Streit fragte Anita: »Mama, gell, du bist trotzdem froh, dass du zwei Kinder hast!?« Das konnte Frau Lailach nach einer Besinnungspause dann doch bestätigen, obwohl sie Heiko verdächtigte, für die meisten ihrer grauen Haare verantwortlich zu sein.

Anita beim gemeinsamen Frühstück im Winkelhaider Kindergarten

Als er 20 war, suchten die Eltern für ihn eine eigene Wohnung und Heiko zog aus. Heute arbeitet er als technischer Zeichner in einem Ingenieurbüro und kommt – sehr zur Freude seiner Schwester – wieder regelmäßig auf Besuch.

In den letzten drei Schuljahren absolvierte Anita etliche Praktika in den Werkstätten der Lebenshilfe und außerhalb, darunter auch zwei mehrwöchige Praktika im Kindergarten Ochenbruck sowie im »Haus für Kinder«, dem evangelisch-integrativen Kindergarten in Winkelhaid. Dort übertrug man ihr viele kleine Aufgaben, bei denen sie ihre Zuverlässigkeit unter Beweis stellen konnte. Zuletzt arbeitete Anita an vier Wochentagen im Winkelhaider Kindergarten und war nur einen Tag pro Woche in der Schule. Unterstützt wurde sie dabei durch die ACCESS-Integrationsbegleitung aus Erlangen.[1] Der Pfarrer, welcher sie konfirmiert hatte und auch für das »Haus für Kinder« verantwortlich war, erfuhr von Anitas Wunsch, weiterhin im Kindergarten zu arbeiten, und ging bereitwillig darauf ein.

Im August 2001 wurde Anita jedoch schwer krank.

Wegen ständig wiederkehrender Zysten am Eierstock hatte der Frauenarzt ihr zuvor eine Pille verschrieben. Die Zysten verschwanden, aber Anita bekam so schlimme Rückenschmerzen, dass sie nachts kaum schlafen konnte. Dem Arzt fielen ein geschwollener Oberschenkel und eine schiefe Hüfte auf. Er untersuchte Anita gründlich und stellte eine ausgedehnte Thrombose fest, die vom Knie bis zur unteren Hohlvene reichte. Der Rettungswagen brachte sie in die nächste Klinik. Zu allem Unglück wurde im Krankenhaus auch noch eine Lungenembolie auf der rechten Seite diagnostiziert. Anita schwebte in Lebensgefahr und bekam drei Wochen strenge Bettruhe verordnet. Das fand die Patientin gar nicht gut. »Mein Bein bräuchte etwas frische Luft. Es gibt doch sicher einen Rollstuhl hier«, tat sie bei der Visite kund. Doch der Professor verbot ihr das Aufstehen. Als die Erkrankung endlich überstanden war, fiel es Anita schwer, zu einem normalen Alltag zurückzukehren, zumal sie nun im Sommer wie im Winter Kompressionsstrumpfhosen tragen musste.

Dennoch konnte sie Ende 2001 eine zweijährige Qualifizierungsphase im »Haus für Kinder« beginnen, finanziert vom Arbeitsamt. Alle notwendigen Formalitäten waren von Familie Lailach erledigt worden. Anita sollte wieder vier Tage pro Woche im Kindergarten arbeiten. Den fünften Tag verbrachte sie in der Werkstatt der

---

[1] Die gemeinnützige ACCESS GmbH ist ein Fachdienst, der sich seit 1998 für die Qualifizierung von Menschen mit Behinderung und ihre Vermittlung in den allgemeinen Arbeitsmarkt engagiert. www.access-ifd.de.

... morgens bei der Arbeit

Lebenshilfe, im zweiten Jahr dann bei ACCESS. Die Begleitung durch diesen Fachdienst trug dazu bei, die Arbeitsabläufe festzulegen und zu verbessern. Anita übernahm nun regelmäßig die Aufgabe, in der Küche das Frühstück für die Kinder vorzubereiten, es in die verschiedenen Gruppen zu bringen, später das Geschirr abzuwaschen und die Küche wieder aufzuräumen. Das tat sie gern. Bei Bedarf kam ihr eine Kollegin zu Hilfe.

Nach der Ausbildungszeit wurde Anita direkt in ein Beschäftigungsverhältnis übernommen, auch wenn sie zunächst nur einen befristeten Arbeitsvertrag über 16 Stunden pro Woche erhielt. Montags oder donnerstags kam die Arbeitsassistentin von ACCESS dazu, die sie langfristig weiterbetreute. Seit 2010 hat Anita einen unbefristeten Arbeitsvertrag, worauf die gesamte Familie sehr stolz ist.

Neben der Arbeit bleibt noch genug Zeit für Hobbys. Anita liebt Musik, vor allem deutschsprachige Schlager und Musicals. Seit mehr als zehn Jahren ist sie Mitglied der *Happy Dancers*, einer Tanzgruppe in Lauf. Auch für Filme von Walt Disney hat sie eine große Leidenschaft entwickelt, ebenso wie für Schmuck, insbesondere Ringe in allen Größen und Formen.

Anita schwimmt sehr gut, spielt Badminton und ist oft zusammen mit ihrer Mutter mit dem Tandem unterwegs. Vor ein paar Jahren probierte sie eine Weile abendliches Joggen aus, aber irgendwann stellte sie fest, sie habe »keine Läuferbeine«.

Heute, am ersten Arbeitstag nach dem Urlaub, braucht Anita etwas länger, um Tee und Frühstücksgeschirr in die Regenbogen-Gruppe zu bringen. Die Kollegin hat Verständnis dafür. Sie fragt nach, und Anita erzählt begeistert von Italien und vom Baden in der Adria. Die Ansichtskarte, die sie ihren Kolleginnen geschickt hat, ist noch nicht angekommen. Deshalb wollen auch die anderen von Anita wissen, wie der Urlaub war.

Eines der Vorschulkinder kommt in die Küche und lässt sich von ihr drücken. Es ist der Sohn des neuen Pfarrers, der mit seiner Frau und drei Kindern in der Nähe des Kindergartens wohnt. Den neuen Pfarrer, einen stattlichen jungen Mann, mag Anita genauso gern wie den alten.

Vom Haus der Familie Lailach kann man fast bis zum Kindergarten sehen. Anita ist auf dem Heimweg. Sie lässt sich Zeit.

Auf halbem Wege trifft sie die Pfarrersfrau, die kurz stehen bleibt, auflacht und ihr den Arm um die Schultern legt. Anita verabschiedet sich winkend, schlendert heran. »Ich hab ihr gesagt, dass sie einen sehr schönen Mann geheiratet hat«, berichtet sie.

24

Jan Simanzik, Schauspieler

Am liebsten barfuß …

J an war ein Geburtstagsgeschenk – das schönste, das seine Mutter
sich vorstellen konnte. Ab den Morgenstunden des Tages, an
dem sie 21 wurde, hatte sie Wehenschmerzen ertragen und die
Anweisungen der Hebamme befolgt, um es endlich in den Armen
zu halten: ihr erstes Kind. Dann war das Wort »Gesichtslage«
gefallen. »Da hilft nur ein Kaiserschnitt«, hatte ihr jemand erklärt,
bevor sie in den Operationssaal geschoben wurde.

Wie rasch die ganze Aufregung jetzt entschwand … Nur eine
Hautverletzung am Kopf des Neugeborenen zeugte von der dra-
matischen Entbindung. Deshalb verlegte man Jan in die nächste
Kinderklinik.

Doch mehr als die kleine Wunde beunruhigte das Verhalten
der Ärzte die jungen Eltern. Erst am vierten Tag erfuhren sie
den Grund dafür: Jan habe das Down-Syndrom. »Gott sei Dank
nichts Schlimmeres«, war der erste Gedanke seiner Mutter. Diese
Diagnose schreckte sie nicht. Jan sah überhaupt nicht krank aus.
Warum also sollte sie sich Sorgen machen?

Vor Jans Geburt hatte sie – als Sekretärin in einem Architekten-
büro – den Bau eines Blindeninstituts und einer Gehörlosenschule
sowie den Umbau des St.-Josefs-Stifts in Eisingen miterlebt. Bei
den Baubesichtigungen und -abnahmen war sie als Protokollantin

vor Ort gewesen und auch mit Menschen in Kontakt gekommen, die schwere Mehrfachbehinderungen hatten. Jans Mutter wusste: Jeder Mensch ist anders. Deshalb brach für sie nicht die Welt zusammen, als sie merkte, dass das Stillen länger dauerte als bei anderen Müttern und dass die Entwicklung ihres Babys verzögert verlief. Es gab ja auch die Augenblicke, in denen sie ungetrübtes Mutterglück empfand.

Jan war selig, wenn er gebadet wurde. Da kam das Angebot eines Babyschwimmkurses gerade recht. Der Kleine juchzte vor Freude, wenn es ins Wasser ging. Schwappte ihm eine Welle ins Gesicht, schrie er nicht wie die meisten seiner Altersgefährten, sondern lachte. Nachts schlief Jan wie ein Murmeltier. Und wie er seine Mutter über beide Backen anstrahlte, wenn sie ihn weckte, war er für sie der liebenswürdigste Bursche auf der ganzen Welt.

Jans Vater hingegen fand sich nicht damit ab, einen Sohn mit Down-Syndrom bekommen zu haben. Für ihn war die Diagnose an Jans viertem Lebenstag ein gewaltiger Schock gewesen. Am liebsten hätte er dieses Kind gleich zurückgegeben oder umgetauscht. Mit so einem Unglückswurm jemals ein stolzer Vater zu sein, schien ihm völlig ausgeschlossen. Die Großeltern väterlicherseits, die sich auf einen Stammhalter gefreut hatten, konnten mit dem erkennbar behinderten Enkel ebenso wenig anfangen. Zwar strahlte Jan auch seinen Vater an, doch der entzog sich mehr und mehr. Irgendwann machte er sich mit einer neuen Freundin aus dem Staub.

Zwei Jahre nach Jans Geburt wurden seine Eltern geschieden. Jans Mutter antwortete auf Nachfragen mit dem Sprichwort: »Lieber ein Ende mit Schrecken als ein Schrecken ohne Ende.« Die meisten gaben ihr Recht. Jans Vater hat sich auch später nicht um seinen Sohn gekümmert, die Mutter musste den Kindesunterhalt einklagen.

Zum Glück gab es andere Menschen, die Jan, so wie er war, ins Herz geschlossen hatten: Dank der Unterstützung ihrer Eltern konnte Jans Mutter nach der Scheidung ganztags arbeiten gehen.

JAN SIMANZIK, Schauspieler am Würzburger
Theater Augenblick (seit 2002)

So blieben die finanziellen Sorgen gering. Morgens brachte sie Jan zu Oma und Opa, nachmittags holte sie ihn wieder ab. Diese Großeltern und die Urgroßeltern waren ganz vernarrt in den Jungen. Aber trotz liebevoller Betreuung wuchs er als Einzelkind auf – wie seine Mutter, die Geschwister damals sehr vermisst hatte. Um ihm Kontakt zu gleichaltrigen Kindern zu verschaffen, setzte sie durch, dass Jan mit drei Jahren halbtags an der Frühförderung der Lebenshilfe teilnehmen durfte.

Als Alleinerziehende musste sie Jan natürlich mitnehmen, wenn sie übers Wochenende zu einer Freundin fahren oder eine Geburtstagsfeier besuchen wollte. Jan war das Reisen gewohnt. Er konnte überall schlafen. Wichtig war außer seinem Reisebett nur die Gute-Nacht-Geschichte vor dem Einschlafen, am liebsten aus einem der Bücher über Pettersson und Findus. Als Dreijähriger flog Jan zusammen mit seiner Mutter zum ersten Mal nach Amerika, um einen Großcousin zu besuchen. Urlaube in Italien und Städtereisen folgten.

Zum Wasser zog es ihn daheim wie in der Ferne. Er tollte durch das Kinderbecken im Freibad, tauchte im Baggersee und lernte während eines Urlaubs an der Adria mit sechs Jahren das Schwimmen. Auch Schnorcheln machte ihm viel Spaß. Noch heute schwärmt er von einem Urlaub in Ägypten und von den Fischen und Korallen im Roten Meer.

Jans Mutter hatte viel Freude an ihrem kleinen Jungen. Aber manchmal sehnte sie sich doch nach einem Mann. Nur war es schwierig, einen zu finden, der Jan ohne Vorurteile akzeptierte. Und nicht nur das: Ein neuer Mann musste ihn auch gern haben! Wenn Jans Mutter mal allein ausging, band sie jedem neuen Bekannten sofort auf die Nase, dass sie nur im Paket mit einem behinderten Kind zu haben wäre. Das Interesse der meisten Männer erlosch dann rasch. Einige verabschiedeten sich sofort, andere begleiteten sie noch nach Hause, kamen aber nicht auf die Idee, nach Jan zu fragen oder vielleicht mit ihm zu spielen. So dauerte es sieben Jahre, bis endlich der Richtige gefunden war: ein

Mann, der auch den Jungen lieb gewann und sich seitdem um ihn kümmert, als wäre Jan sein eigener Sohn.

Im Herbst 1987 – Jan war schon neun Jahre alt, aber wegen seines verspielten Wesens von der Mutter zweimal zurückgestellt worden – begann für ihn die Schulzeit in der Christophorus-Schule der Lebenshilfe Würzburg. Jan wollte endlich lesen lernen. Da er sich das fest vorgenommen hatte, gelang es ihm schneller als erwartet. Seine Mutter übte abends mit ihm, besorgte immer neue, spannende Kinderbücher und freute sich, dass Jan schon bald flüssig las. So wie er vorher oft gebannt vor dem Kassettenrekorder gehockt und zugehört hatte, vertiefte er sich auch in manche Bücher.

Das Familienleben, nun wieder zu dritt, profitierte sehr davon, dass Jan von klein auf in die Arbeiten im Haushalt eingebunden war. Früher hatte er gern den Tisch gedeckt und die Betten gemacht. Jetzt räumte er ohne Murren die Spülmaschine ein und aus oder saugte Staub. Nachdem er in der Schule Kochunterricht erhalten hatte, half er seiner Mutter am liebsten beim Zubereiten der Mahlzeiten. Er schnitt Zwiebeln, hobelte Gurken und erledigte andere einfache Küchenarbeiten – das macht er bis heute. Das gemeinsame Kochen bot immer Gelegenheiten, die Neuigkeiten des Tages auszutauschen.

Über einen Schulfreund kam Jan zum Fußball. Anfangs trainierte er mit großer Begeisterung, lernte das Dribbeln, Flanken und Toreschießen, wurde Teil einer Mannschaft, aber irgendwann fand er das viele Laufen zu anstrengend. Trotzdem blieb von dieser »Jugendliebe« etwas übrig: Wahrscheinlich ist Jan der treueste Fan von Bayern München, egal wie das Spiel ausgeht oder wie gut die Bayern spielen. Er besitzt eine beeindruckende Sammlung von Trikots, Duschhandtüchern, Wandkalendern, Trinkgläsern, Rucksäcken und anderen Fanartikeln, die er von Freunden und Verwandten zu Geburtstagen geschenkt bekommen hat. Die Spielergebnisse der Bundesliga schreibt er akribisch auf und hortet sie über Jahre. Als Mitglied eines Fan-Clubs war er schon oft mit einer ganzen Busladung befreundeter Fans in der Allianz-Arena, ausgerüstet mit Bayern-Trikot, Mütze, Schal und Fahne.

Als Jan 14 Jahre alt war, klagte er erstmals über Schmerzen beim Gehen und fing an zu hinken. Es stellte sich heraus, dass er eine angeborene Hüftgelenksfehlstellung hatte – auf beiden Seiten. Leider war dieses Problem viel zu spät entdeckt worden. Physiotherapie und Medikamente halfen nicht mehr. Um die Beschwerden zu beseitigen, waren zwei große Operationen notwendig. Jan musste für längere Zeit ins Krankenhaus und ertrug tapfer alles, was dort auf ihn zukam. Ein paar Monate später konnte er wieder richtig laufen.

Mit wechselnden äußeren Umständen und Anforderungen kam Jan erstaunlich gut zurecht. Obwohl er als Einzelkind aufgewachsen war, besaß er die Fähigkeit, sich unauffällig in eine Gemeinschaft einzugliedern. Er mochte die Gesellschaft anderer Menschen. Aber auch, wenn er allein war, kannte er keine Langeweile. Nach den Kinderkassetten und -büchern fesselten ihn nun Filme auf Videokassetten oder DVD. Meistens fiel es ihm nicht schwer, dem Geschehen zu folgen, weil er sich ganz in die handelnden Personen hineinversetzen konnte, mit ihnen litt, um Gerechtigkeit kämpfte und schließlich den Sieg errang. Irgendwann begann er, mit seinen Freunden Filme nachzuspielen. Jan war immer der Held der Geschichte, der Retter der Prinzessin oder der tapfere Krieger.

Als einige Lebenshilfe-Klassen wegen Umbaumaßnahmen am Schulgebäude für eine Weile an eine normale Grundschule ausgelagert wurden, bekam er seine erste Rolle in einem richtigen Theaterstück, das zusammen mit einer Grundschulklasse einstudiert und aufgeführt wurde. Jan war darin der »Prinz von Amerika«.

Aus der Sicht seiner Mutter verlief Jans Pubertät schnell und unauffällig, ohne Geschrei und Türenknallen. Am liebsten las er nun Bücher zu Filmen, die er schon kannte. Dazu gehörte zum Beispiel *Die unendliche Geschichte* oder *Eragon*. Und unversehens war der Junge erwachsen.

Nach dem Abschluss der Lebenshilfe-Schule wechselte Jan 1999 an die Mainfränkischen Werkstätten, wo er in der Abteilung Metallarbeiten lernte, Werkstücke zu formen. Dabei zeigte er viel Engagement und Freude an der Tätigkeit. Doch die körperliche Arbeit füllte ihn nicht aus, denn sie bot seiner Phantasie und Kreativität nur wenig Raum.

Anfang des Jahres 2002 hörte Jan davon, dass ein »Casting« für die Theatergruppe der Mainfränkischen Werkstätten stattfinden sollte. Niemand musste ihn zur Teilnahme überreden. Theater! Ja, das war etwas für ihn, darauf hatte er große Lust … Als er dann tatsächlich ausgewählt und in die Theatergruppe aufgenommen wurde, jubelte Jan innerlich, und nach wenigen Wochen war er sicher, seine Bestimmung gefunden zu haben.

Das 1998 gegründete *Theater Augenblick*[2] ist so etwas wie ein Außenarbeitsplatz der Mainfränkischen Werkstätten. Geleitet wird es von einem erfahrenen Sonderpädagogen, Schauspieler und Regisseur, unterstützt durch eine Regieassistentin. Zehn professionelle Schauspieler, darunter acht mit geistiger Behinderung, verdienen sich hier ihren Lebensunterhalt mit künstlerisch anspruchsvollen Aufführungen. Aus ihren Ideen, Improvisationen und Vorlieben, die in jedes Stück einfließen, entstehen ganz besondere, einmalige Theaterproduktionen.

Als Jan dazustieß, hatte dieses Theater schon vier Jahre Wanderschaft mit Aufführungen auf den unterschiedlichsten Bühnen hinter sich und war überregional bekannt. Manches lief anders als in der Theatergruppe, der Jan während seiner Schulzeit angehört hatte: Zunächst wurde zu einer Vorgabe des Regisseurs improvisiert und alles auf Video aufgenommen. Weitere Vorgaben bauten dann auf den improvisierten Szenen der ersten Probe auf. Schließlich legte der Regisseur Schritte, Sätze und Szenenübergänge fest. Den Schauspielern mit Behinderung wurden die Rollen quasi auf

---

2   www.theater-augenblick.de.

den Leib geschneidert – während unzähliger Proben, in denen sich ein Stück allmählich entwickelte, bis es irgendwann aufführungsreif war. Jan mochte es, zu improvisieren. Er spürte, dass er so am schöpferischen Prozess selbst teilhaben konnte, und er war mit ganzem Herzen Schauspieler.

Zugleich lernte er, dass er gebraucht wurde für das Stück, dass er tatsächlich Verantwortung trug. Es gab nichts Schlimmeres für ihn, als auch nur einen Probentag zu versäumen. Hatte er Husten oder Fieber, musste seine Mutter ihn regelrecht überreden, zu Hause zu bleiben.

Kunst lebt von Emotionen. Jans Einfühlungsvermögen, verbunden mit Phantasie und Ausdruckskraft, war schon immer seine besondere Stärke gewesen. Auf der Bühne konnte er sie nun nutzen. Es machte ihm keine Mühe, vorgegebene Spielsituationen zu erfassen und kreativ auszufüllen. Von Behinderung war dabei nichts zu merken. Im Gegenteil: Wie jeder gute Schauspieler gebrauchte Jan seine Gabe, Empfindungen sichtbar zu machen, Spannung zu erzeugen und bei anderen Emotionen zu wecken.

Das *Theater Augenblick* gastierte auf vielen Bühnen, in kleinen und größeren Städten, bis es 2004 eine eigene Theaterbühne eröffnen konnte. Seitdem wird es als eigenständiges Theater von der Stadt Würzburg und vom Regierungsbezirk Unterfranken gefördert. Sein Repertoire umfasst eine ganze Reihe selbst erarbeiteter Stücke zu den unterschiedlichsten Themen. Im Dezember 2011 wurde es dafür mit der Würzburger Kulturmedaille ausgezeichnet. Jans Mutter, sein Stiefvater und viele andere Menschen waren von dieser Ehrung genauso berührt wie die Mitglieder des Ensembles.

Die eigene Bühne ermöglicht es, auch andere Künstler einzuladen. Sind Gastgruppen zu Besuch und er muss selber nicht auftreten, übernimmt Jan gern den Einlass, den Garderobendienst oder den Getränkeverkauf. Denn auch im *Theater Augenblick* wird – wie überall in der Theaterwelt – Vielseitigkeit erwartet.

Außerhalb des Theaters merkt man Jan den Schauspieler nicht an. Und wer die körperlichen Besonderheiten des Down-Syndroms nicht genau kennt, der würde sie sicher übersehen. Jan ist ein gut aussehender, freundlicher junger Mann, der gern lacht und aufmerksam zuhören kann.

Sobald er jedoch die Bühne betritt, ist er nur noch Schauspieler. Dann geht er am liebsten barfuß, ruhig und konzentriert, findet mühelos seinen Standort, weiß, was er wann zu sagen hat, und begibt sich ganz in das Spiel hinein. Von jungen Damen wird er nach der Vorstellung oft um ein Autogramm gebeten.

Jans Autogrammkarte

Im neuesten Stück »Himmel, Hölle und die Lust am Leben« spielt Jan die Hauptrolle. Dieses Stück hat einen realen Hintergrund: die unfassbare Geschichte von Tim aus Oldenburg, der 1997 seine eigene Abtreibung überlebte:[3]
   Bei Tim war in der 25. Schwangerschaftswoche das Down-Syndrom diagnostiziert worden. Seine Mutter wollte kein behindertes

---

3   www.tim-lebt.de.

Jan als Baby Tim im Stück »Himmel, Hölle und die Lust am Leben«

Kind, die Ärzte rieten zur Spätabtreibung. Sie verabreichten ein Mittel, das die Geburt künstlich einleitete, und gingen davon aus, dass das Baby tot zur Welt kommen würde. Doch Tim wollte nicht sterben. Nach der fehlgeschlagenen Abtreibung ließ man ihn in einer Ecke des Kreissaals neun Stunden lang unversorgt liegen. Seine Körpertemperatur sank auf 28 Grad. Schließlich erbarmte sich jemand des Jungen und leistete eine Notversorgung. Das Ganze drang an die Öffentlichkeit. Tim, der »zwischen Himmel und Hölle« um sein Leben kämpfen musste, fand liebevolle Pflegeeltern und hat sich – fürchterlichen Prognosen zum Trotz – erstaunlich gut entwickelt.

Nachdem die Theatergruppe gemeinsam einen Film über Tim angeschaut und darüber gesprochen hatte, was es bedeute, unerwünscht zu sein, kam auch Jans Kindheitsgeschichte zutage. Er erzählte, dass sein Vater ihn nicht haben wollte und sich deshalb von der Mutter getrennt hatte. Das Gefühl, nicht willkommen zu sein, kannten auch andere Mitglieder der Gruppe. Alle Schauspieler mit Behinderung hatten es schon irgendwann gespürt. Ebenso einhellig antworteten sie auf die Frage, ob ihr Leben denn lebenswert sei – ob sie vielleicht lieber tot wären als lebendig: Natürlich wollten sie leben.

Diese Aussage zieht sich durch das ganze Stück. Tim, das Baby, welches unerwartet seines Lebens beraubt wird, als es sich auf die Geburt vorbereitet, irrt mit seinem Lebenswunsch durch Himmel und Hölle. Nicht einmal der Teufel will es haben, denn ein Neugeborenes hat ja auf der Welt noch nichts Böses getan. Um den Eindringling loszuwerden, kann der Teufel schließlich nicht anders, als dem unglücklichen Menschenkind zu helfen, doch noch auf der Erde geboren zu werden.

Der Teufel hilft Tim, seine Lebenszeit zurückzuholen

Nach der Aufführung

Jan hat in seiner Rolle immer auch die eigene Lebensgeschichte vor Augen. Sein Charme in humorvollen und tief berührenden Szenen, seine Unschuld und Lebensfreude ziehen die Zuschauer in ihren Bann. Wer mit Jan alias Tim durch Himmel und Hölle gegangen ist, dem wird es schwerfallen, einem solchen Kind das Leben zu nehmen. Durch diese emotionale Positionierung des Zuschauers hat »Himmel, Hölle und die Lust am Leben« ganz sicher eine nachhaltige Wirkung. Und im Gegensatz zu vielen Podiumsdiskussionen darüber, ob ein Leben mit geistiger Behinderung denn wirklich lebenswert sei, treffen Menschen mit Behinderung hier selber eine Aussage.

Als Hauptdarsteller ist Jan in dieser Inszenierung unersetzlich. Würde er plötzlich krank, müsste die Vorstellung abgesagt werden. Das ist noch nie vorgekommen, obwohl ihm eine seiner Hüften inzwischen wieder heftig zu schaffen macht und nur vom

Gelenkersatz durch ein künstliches Hüftgelenk Abhilfe zu erwarten ist.

Weil Jan weiß, welche Verantwortung er trägt für die Truppe, hat er die nötige Operation schon zweimal verschoben. Erst nach der letzten für dieses Jahr geplanten Aufführung, einem Gastspiel in Nürnberg, will er sich operieren lassen ...

So schafft Jan mit seiner Arbeit am Theater Augenblick im doppelten Sinne Kunst, die keine Behinderung kennt. »Sonst werden Menschen mit Behinderung ja oft nicht wichtig genommen, aber hier bekommen sie Verantwortung, und das merken sie natürlich.« Dieser Satz von Regisseur Stefan Merk trifft auf jeden seiner Schauspieler zu.

Ein kleiner Zettel auf einem Stapel Papier

Martina Aschenwald standen Tränen in den Augen. Das war höchst ungewöhnlich. Niemand in der Gemeindeverwaltung von Mayrhofen hatte die Leiterin des Meldeamtes je weinen sehen. Und niemand – nicht einmal Bürgermeister Fankhauser – bot ihr ein Taschentuch an, denn es waren Freudentränen, hervorgerufen durch die Mitteilung des Bürgermeisters, die Praktikantin Magdalena werde eine Festanstellung erhalten.

Magdalena strahlte vor Glück, mit roten, nassen Wangen. Ihr Freudensprung und die Umarmungen der Kolleginnen hatten einige Meldescheine vom Tisch gewirbelt. Frau Aschenwald bückte sich, um sie aufzuheben.

Jetzt gehörte Magdalena, die viele von klein auf kannten, also richtig dazu. Ihr Vater war Leiter des Bauamtes von Mayrhofen gewesen – fast vierzig Jahre lang. Wenn Magdalena gekommen war, um ihn von der Arbeit abzuholen, hatte sie oft eine Weile warten müssen und genau gewusst, wer im Amtsgebäude sich über ihren Besuch freuen würde. Auch Martina Aschenwald, deren Büro eine Etage tiefer lag, hatte gern ein paar Worte mit ihr gewechselt.

Sie sah die kleine Magdalena vor sich: ein fröhliches Kind, ohne Scheu, offenherzig und überall mit dabei. Magdalena hatte den

43

Kindergarten, die Volksschule und später die Hauptschule am Ort besucht, als Erste im Zillertal, die trotz Down-Syndrom eine normale Schullaufbahn absolvierte. Frau Aschenwald erinnerte sich, wie der Vater darum gekämpft hatte. Wie frustriert war er damals von einem Termin am Sonderpädagogischen Zentrum zurückgekehrt, dessen Leiterin »solch neumodischen Ansätzen« nichts abgewinnen konnte und Magdalena unbedingt in die Sonderschule zwängen wollte. Schließlich gelang es, eine junge Volksschullehrerin zu finden, die »das Experiment wagte«, Magdalena in ihrer Klasse zu unterrichten – zusammen mit einer externen Stützlehrerin. Auch der Übergang in die Hauptschule der Gemeinde Mayrhofen war wohl nur möglich gewesen, weil der Direktor neuen pädagogischen Konzepten aufgeschlossen gegenüberstand und zudem ein guter Bekannter von Magdalenas Vater war.

Ohne den außergewöhnlichen Einsatz und das persönliche Netzwerk der Eltern wäre Magdalena sicher vieles verwehrt geblieben. Damals zumindest, als sie klein war. Ist es ungerecht, überlegte Frau Aschenwald, dass diesem Kind Beziehungen innerhalb der Gemeinde zugutekamen? Begreift ein Kind, bei dem man lieber ein Auge zudrückt, dass in der Schule wie beim Wandern gilt: Wer ankommen will, der muss sich anstrengen? Magdalena schien das trotzdem verstanden zu haben. Als Zillertalerin war sie das Bergsteigen gewohnt. Auch beim Lernen fehlte es ihr nicht an Ausdauer. Hätte sie sonst, obwohl sie kein benotetes Zeugnis erhielt, die achte Klasse wiederholt, um ihre Fähigkeiten im Rechnen zu verbessern?

Martina Aschenwald kannte nicht nur Magdalenas Vater, sondern auch die ältere Schwester und ihren Bruder, der – inzwischen selbst Vater einer fünfköpfigen Familie – mit Frau und Kindern im Haus der Eltern lebte. Eine richtige Großfamilie eben, eine von vielen in Mayrhofen. Hier kannte man einander, pflegte die Beziehungen und wusste, dass es gut ist zusammenzuhalten.

MAGDALENA STEGER, Mitarbeiterin im Meldeamt
der Gemeinde Mayrhofen im Zillertal (seit 2013)

Nach dem Schulabschluss war Magdalena ein Jahr lang durch die Tiroler Arbeitsassistenz[4] betreut worden, hatte während mehrerer Praktika am Heimatort Einblick in verschiedene Berufe bekommen und manches Nützliche dazugelernt, bis im September 2009 endlich ihr lang gehegter Wunsch in Erfüllung ging: Beim Aufbauwerk der Jugend – Berufsvorbereitung Lachhof in Volders, anderthalb Bahnstunden entfernt von daheim, war eine Ausbildungsstelle im hauswirtschaftlichen Bereich für sie frei. Voller Aufregung und Vorfreude zog Magdalena nach Volders ins Internat.

Zur dreijährigen Ausbildung gehörte das Arbeiten in der Küche und im Garten, am Computer, in der Wäscherei sowie in einer Näherei, verbunden mit der Erziehung zur Selbstständigkeit. Aber nicht nur auf hauswirtschaftliche Fertigkeiten, sondern auch auf einen guten Umgang mit Vorgesetzten und Kollegen legte man im Lachhof großen Wert. Nach ein paar Wochen hatte Magdalena ihre anfängliche Schüchternheit überwunden. Besonders gern arbeitete sie am Computer. Sie lernte, Listen und Tabellen zu erstellen, übte Zehnfingerschreiben und Rechnen.

Drei Jahre lang fuhr sie montags früh allein mit öffentlichen Verkehrsmitteln von Mayrhofen nach Volders und am Freitagnachmittag retour.

Obwohl das Wohnen im Internat Magdalena neue Freiheiten eröffnet und ihre Eigenständigkeit gefördert hatte, schien sie am Ende der Ausbildung wieder große Sehnsucht nach dem Zillertal verspürt zu haben. Sie wollte zurück nach Mayrhofen. Im Sommer hatte die Leiterin ihrer Ausbildungsstätte deshalb beim Bürgermeister angefragt, ob Magdalena an ihr erstes Heimatpraktikum beim Tourismusverband nicht noch ein vierwöchiges Praktikum in der Gemeindeverwaltung anhängen könne. Bürgermeister Fankhauser hatte zugesagt. Er kannte die Kleine ja von früher, und ihren Vater, der 2011 pensioniert worden war, schätzte er sehr.

---

4   www.arbas.at.

Das Praktikum beim Tourismusverband hatte Magdalena anscheinend gut gefallen. Aber vielleicht war ihr dabei auch klar geworden, dass der direkte Kontakt zu fremden Menschen, die manchmal unverständlich oder gar nicht mit ihr sprachen, nicht immer Spaß machte, sondern mit Stress einhergehen konnte. Im Meldeamt der Gemeinde gab es auch Publikumsverkehr, jedoch meistens bekannte Gesichter, und alle bemühten sich um einen netten Umgangston. Trotzdem wirkte Magdalena anfangs nicht glücklich. – Wie war Frau Aschenwald ins Grübeln gekommen, als die Praktikantin nach den ersten Tagen sagte, hier wolle sie nicht bleiben, weil es beim Tourismusverband viel schöner sei. Was hatte der Tourismusverband, was die Gemeindeverwaltung nicht hatte?

Martina Aschenwald musste über sich selbst lachen. Das war typisch für sie, dass solche Fragen ihr die Ruhe raubten. Zusammen mit einer Kollegin hatte sie bald herausgefunden, dass der Grund für Magdalenas Vorliebe Alfred hieß. Alfred war Concierge beim Tourismusverband und Magdalenas väterlicher Freund ... Ja, die Kleine war erwachsen geworden und ließ offenbar nicht mehr jeden gleich in ihr Herz blicken. Nachdem sie also dahintergekommen waren, einigten die Kolleginnen sich darauf, Magdalena zweimal pro Woche zum Tourismusverband zu schicken, wo sie Alfred persönlich die Meldezettel aushändigen sollte.

Allmählich taute Magdalena auf. Hatte sie an ihrem ersten Arbeitstag einfach nur dagesessen, nichts gesagt und so getan, als höre sie auch nichts, linste sie bald immer häufiger zur Kollegin am Nachbarplatz hinüber und ging auf deren Versuche ein, gemeinsam zu arbeiten. Dabei war sie dankbar für kleine Pausen, die zum Schlüssel wurden, denn dann fing Magdalena an zu erzählen: von den Wanderungen, die sie mit ihrem Vater unternommen hatte, oder von ihren letzten drei Jahren im Lachhof. Sie merkte sich alles, was die Kollegin sagte, und fragte sie über ihre Familie aus. So wurde innerhalb weniger Wochen aus den beiden ein Team. Als Magdalena begriffen hatte, dass sie nun auch Alfred regelmäßig besuchen durfte, fing sie an zu erklären, wie wohl sie sich im Gemeindeamt fühle, und steckte andere mit ihrer guten Laune an.

Irgendwann im Oktober war das Praktikum dann bis zum Jahresende verlängert worden. Frau Aschenwald – anfangs ziemlich skeptisch, ob Magdalena den Anforderungen des normalen Arbeitsalltags gewachsen sein würde – war angenehm überrascht. Egal, ob sie Meldezettel nach Betriebsnummern sortieren, Belege von der Bank holen oder mit dem Computer Listen erstellen sollte, Magdalena tat es umgehend und mit Enthusiasmus. Wenn Frau Aschenwald dachte, die Arbeit würde für den Vormittag ausreichen, kam Magdalena oft schon nach zwei Stunden und berichtete freudestrahlend: »Ich bin fertig!«

Ihr Aufgabenbereich wuchs. Doch mehr noch als die Arbeit, die sie erledigte, nahm ihre erfrischende Art und Lebensfreude die Kollegen für sie ein. Magdalena lehrte sie, sich morgens zur Begrüßung und nachmittags zum Abschied zu umarmen. Umarmungen unter Kollegen – das war am Anfang komisch, nach drei Monaten aber nicht mehr wegzudenken. Magdalenas Begrüßungsritual sorgte dafür, dass bei denen, die ihr morgens begegneten, die Mundwinkel nach oben gingen. So wurde Magdalena immer wichtiger für die anderen – nicht nur als Mitarbeiterin, sondern als Mensch. Mit ihr kam frischer Wind in die Gemeindestube.

Magdalena und die Kollegin am Nachbarplatz begannen sich wortlos zu verstehen und waren bald unzertrennlich. Diese Kollegin hatte im November von Magdalenas Ausruf »Am liebsten würde ich hier bleiben, bis ich sterbe!« berichtet. Sie, die vorher nie einem Menschen mit Down-Syndrom begegnet war, setzte sich nun mit großer Überzeugungskraft dafür ein, Magdalena als Mitarbeiterin im Gemeindeamt zu behalten. Noch bevor das Praktikum dem Ende zuging, hatte sie zusammen mit Martina Aschenwald dem Bürgermeister vorgeschlagen, Magdalena in ein unbefristetes Dienstverhältnis zu übernehmen.

Die meisten Leute aus dem Dorf, die vormittags zum Meldeamt kamen, kannten Magdalena und nahmen sie als Gegenüber ernst. Da sie fast jeden Tag die Zeitung las und sich für Politik und Fußball interessierte, mangelte es nie an Gesprächsthemen. Magdalena war immer freundlich, auch zu Fremden. Zuweilen packte sie jedoch der Übermut. So hatte sie zum Beispiel einmal den Autoschlüssel des Gemeindepolizisten versteckt und mit Unschuldsmiene, ohne irgendetwas zu verraten, beim Suchen zugeschaut.

Frau Aschenwald seufzte leise. Waren solche Schelmereien von Magdalena öfter zu erwarten? Nicht ganz auszuschließen. Manchmal blieb sie eben undurchschaubar.

Es hatte durchaus Bedenken gegeben, doch nach einigen guten Gesprächen war der Vorschlag, eine feste Stelle für Magdalena zu schaffen, dem Gemeinderat unterbreitet worden, der einen einstimmigen Beschluss fasste. Die meisten Kolleginnen und eine furchtbar aufgeregte Magdalena hatten erst heute davon erfahren.

Jetzt telefonierte Magdalena mit ihrer Mutter. »Ich darf für immer bleiben!«, rief sie in die Sprechmuschel und ließ sich von den Eltern gratulieren.

Frau Aschenwald wischte sich eine Träne von der Wange, heimlich, so wie vor ein paar Wochen, als auf einem Papierstapel, den Magdalena gebracht hatte, ein kleiner Zettel klebte. »Hab dich lieb!«, stand darauf. Dieser Zettel hatte den trüben, hektischen Montag damals schlagartig verändert. Auf einmal war es ihr wieder gelungen, sich an Kleinigkeiten zu freuen und die Probleme des Büroalltags nicht ganz so ernst zu nehmen.

Ab Januar 2013 würde Magdalena jeden Tag hier im Meldeamt arbeiten: Zettel ordnen, kopieren, scannen, zur Bank oder zur Post gehen. Für 20 Stunden in der Woche sollte sie rund 700 Euro bekommen. Das war nicht viel, aber selbstverdientes Geld. Magdalena würde damit zufrieden sein und hoffentlich so glücklich bleiben, wie sie heute war. Das sei der schönste Tag in ihrem Leben, hatte sie vorhin erklärt.

Magdalena legte den Hörer auf. »Und – was haben deine Eltern gesagt?«, fragte eine Kollegin. »Dass für sie heute schon Weihnachten ist«, lachte Magdalena.

Da wusste Martina Aschenwald, dass sie etwas richtig gemacht hatte und ihren Entschluss wohl niemals bereuen würde.

Tobias Wolf, Neigungsgruppenlehrer

»Papst Franziskus würde auch gern zur Fußball-WM nach Brasilien fahren!«

Tobias erblickte 1979 das Licht einer heilen oberbayerischen Welt. In jener Zeit lasen Eltern ihren Kindern noch Märchen vor, ohne sich um die Möglichkeit seelischer Folgeschäden zu sorgen, und viele kannten das Märchen von der goldenen Gans. Es handelt von drei Brüdern, deren jüngster als dumm gilt. Doch dank seiner Gutherzigkeit und seines ansteckenden Frohsinns macht er sein Glück, weil er eine Königstochter zum Lachen bringt.

Tobias mag dieses Märchen noch heute. Auch er hat zwei ältere Brüder und auch er bringt andere gern zum Lachen. Aber anders als im Märchen haben seine Brüder ihn nie verspottet, sondern finden ihn in Ordnung so, wie er ist. Der älteste hat immer gesagt: »Menschen können verschiedene Blutgruppen haben, warum nicht auch unterschiedlich viele Chromosomen?«

Tobias' Mutter hatte bis zur Schwangerschaft in der Frühförderung von Kindern gearbeitet. Lernschwächen, Montessori-Pädagogik und Musiktherapie waren ihr vertraut. Trotzdem empfand sie die Nachricht, ein Kind mit Down-Syndrom zu bekommen, als Schock. Das vorgeburtliche Wissen bot ihr allerdings die Möglichkeit, sich früh genug mit Fragen, Zweifeln und Schuldgefühlen,

55

gemischt mit guter Hoffnung, auseinanderzusetzen. Sie hatte einer Fruchtwasseruntersuchung zugestimmt, um, »wenn es denn so wäre«, sich auf ein Kind mit Down-Syndrom einstellen zu können. Und tatsächlich wuchs mit der mütterlichen Zuversicht auch die Vorfreude auf das Baby.

Als sie nach der Entbindung Tobias endlich in die Arme schließen durfte, erklärte ihr die Hebamme: »Daran müssen Sie sich gewöhnen, dass die Zunge so rausschaut – das ist bei diesen Kindern so.« Tobias' Mutter schluckte, aber dann streichelte sie das Köpfchen ihres Neugeborenen, küsste sachte die zerknautschte Stirn und sagte zu ihm: »Das ist doch alles gar nicht schlimm.«

Damit behielt sie Recht. Ein Herzfehler, den die Eltern am meisten gefürchtet hatten, wurde vom Arzt ausgeschlossen. Der Klumpfuß auf der rechten Seite ließ sich durch Gymnastik und einen Spezialschuh gut behandeln. Mit zweieinhalb Jahren konnte Tobias frei laufen.

Die Mutter stillte ihn lange, obwohl seine Trinkmüdigkeit ihre ganze Geduld forderte. Immer, wenn Tobias beim Trinken einschlief, weckte sie ihn mit Glöckchen oder einem Lied. So war es kein Wunder, dass er Kinderlieder singen und Reime ergänzen konnte, lange bevor er die ersten Sätze sprach.

Wer als Bub in Oberbayern aufwächst, der gewöhnt sich an Berge wie an Lederhosen und erkundet meistens furchtlos seine Umgebung. Im Alter von vier Jahren war Tobias' Neugierde so groß, dass er dreimal von daheim weglief, weil ihn die Eisenbahnschienen und die Abbiegestreifen auf der Fernverkehrsstraße faszinierten – es wurde Zeit, ihn im Kindergarten anzumelden.

Tobias war gern mit Altersgefährten zusammen, zunächst stundenweise, später den ganzen Vormittag. Einmal wöchentlich besuchte er das Kinderzentrum in Garmisch-Partenkirchen, wo erfahrene, liebevolle Therapeuten seine Entwicklung begleiteten. In den Pfingstferien fuhr er mit den Eltern und seinen großen Brüdern regelmäßig auf die Insel Korsika – mit Surfbrettern und Schlauchboot auf dem Autodach. Dort grub er tiefe Löcher in den

TOBIAS WOLF, Neigungsgruppenlehrer an der
Montessori-Schule Biberkor in Berg (seit 2007)

Sand und verfolgte mit größtem Interesse, wie unten irgendwann die Wände brachen und Wasser nachkam.

Weil es Ende der 80er Jahre im bayerischen Oberland unvorstellbar war, dass ein Kind mit Down-Syndrom eine normale Grundschule besuchte, wandten die Eltern sich nach München – an die Montessori-Schule der Aktion Sonnenschein, die erste integrative Grund- und Hauptschule Bayerns. Sie hatten viel Gutes über diese Schule gelesen und baten, dem inzwischen achtjährigen Tobias eine Chance zu geben. Tobias wurde zum Probeunterricht eingeladen und überzeugte. So kam er nach München, wo er zusammen mit seinen Eltern fünf Jahre lang während der Schultage in einer Studenten-WG wohnte.

An der Schule fand Tobias viele Lehrer, die bereit waren, ihn bestmöglich zu fördern, und denen es immer wieder gelang, seine kindliche Neugierde für die Vermittlung neuer Kenntnisse und Fertigkeiten zu nutzen. Außerdem erhielt er Schlagzeugunterricht, lernte die Münchner U-Bahn und ihre Tunnel kennen und interessierte sich nicht weniger für das verzweigte Kanalsystem der Stadt, das er – seine Erfahrungen mit den korsischen Sandlöchern erinnernd – zutiefst bewunderte.

Nach Tobias' Wechsel an die Montessori-Hauptschule zog die Familie in eine Wohnung in der Nähe, so dass er den Schulweg selbstständig bewältigen konnte. Wie die meisten seiner Mitschüler war er nun morgens und mittags mit der U-Bahn unterwegs. Er lernte, pünktlich loszugehen und an der richtigen Haltestelle umzusteigen.

Weil er anfangs aber in der neuen Klasse niemanden kannte und auch die Lehrer ihm fremd waren, dauerte es eine Weile, bis Tobias sich am Unterricht beteiligte. Um herauszufinden, ob er überhaupt zuhörte und ob etwas hängenblieb, kam eine Beobachterin vom Münchner Kinderzentrum in die Klasse. Die Frau besuchte ihn später zu Hause und staunte, wie viele Details aus der Geschichtsstunde, an der sie teilgenommen hatte, Tobias wiedergeben konnte. Irgendwann platzte der Knoten und es gelang immer besser, ihn zur Mitarbeit im Unterricht zu motivieren.

Tobias nahm auch am Englischunterricht teil und lernte etliche Vokabeln und Redewendungen. Wie nützlich es war, diese Sprache zu verstehen, merkte er während der Urlaubswochen auf Vashon, einer Insel in der Nähe von Seattle im US-Bundesstaat Washington, wo sein Vater zeitweise arbeitete.

Die Montessori-Hauptschule besuchte Tobias bis zum Abschluss der neunten Klasse. Er erhielt ein benotetes Abschlusszeugnis, das die Fächer Deutsch, Mathematik, Sachkunde, Biologie, Erdkunde, Geschichte, Religion, Sozialkunde, Physik/Chemie, Erziehungskunde, Arbeitslehre, Musik, Kunsterziehung, Sport und Hauswirtschaft sowie die Wahlfächer Englisch, Informationstechnische Grundbildung und Maschinenschreiben umfasste. Damit hatte er seine Volksschulpflicht erfüllt.

Sicher war es ein besonders glücklicher Umstand, dass Tobias während der zehn Schuljahre in München kaum Erfahrungen machte, die seine Freude am Lernen hätten trüben können. Wo es um aktuelle Fragen ging – ob Sport, Hitparade oder Politik –, konnte er fast immer mitreden, weil er informiert war und Zusammenhänge im Tagesgeschehen erkannte. Auch sein besonderes Interesse am Geschichtsunterricht zahlte sich dabei aus.

Er sang mit Begeisterung im Schulchor, hatte über viele Jahre Musikunterricht am Freien Musikzentrum in München und erwarb in der Montessori-Kinderwerkstatt wichtige praktische Fertigkeiten. Die Wege zu diesen Freizeitaktivitäten bewältigte er allein mit U-Bahn, S-Bahn und Bussen.

Wie seine Mitschüler hatte Tobias in der achten Klasse im Arbeitsamt einen Berufseignungstest absolviert, mit dem Ergebnis, dass ihm ein Förderlehrgang in Gartenbau und Landschaftspflege an einer berufsvorbereitenden Einrichtung bei Landsberg am Lech bewilligt wurde. Weil er jedoch langsamer arbeitete als seine Kollegen, drängte man ihn, den Lehrgang nach dem ersten Halbjahr abzubrechen. Wenn nicht das Arbeitsamt die Entlassung verweigert und eine Berufsschullehrerin ihm felsenfest zur Seite gestanden hätte, wäre Tobias an dieser Hürde gescheitert.

Während der Ausbildung lebte er in einer betreuten Wohngruppe in Honsolgen, zusammen mit Schülern aus anderen Förderlehrgängen. In dieser Gruppe fühlte er sich wohl, und seine Eigenständigkeit wuchs. An den Wochenenden fuhr er regelmäßig allein mit der Bahn nach Hause.

Mit dem Abschluss des Förderlehrgangs hatte Tobias auch seine Berufsschulpflicht erfüllt. Wie sollte es nun weitergehen?

Sicherlich hätte er einen Arbeitsplatz in einer Beschützenden Werkstatt gefunden. Damit wäre seine Ausbildungszeit zu Ende gewesen, doch der Wissensdurst des jungen Mannes war noch lange nicht gestillt. Deshalb gefiel ihm der Vorschlag seiner Eltern, sich um einen Platz an einer amerikanischen Highschool zu bemühen – auf der Insel Vashon, wo die Firma, für die sein Vater arbeitete, ihren Stammsitz hatte. Tobias kannte die Insel ja von Sommerurlauben mit seiner Familie. An der Vashon Highschool gab es ein besonderes Programm, das »Transition Program«, welches behinderten Schülern den Übergang von der Schulzeit in die Welt der Erwachsenen erleichtern sollte.

Kinder mit Behinderungen, deren Familie in den USA wohnt, haben bis zum 21. Lebensjahr Anspruch auf kostenfreien Schulbesuch. Weil Tobias' Vater ohnehin mehrere Wochen im Jahr auf Vashon tätig war, mietete die Familie dort ein kleines Haus, und im Herbst 1998 zog Tobias zusammen mit seiner Mutter nach Amerika. Die beiden erwachsenen Brüder blieben in Deutschland.

Zur Einschreibung an der Vashon Highschool begleiteten ihn seine Eltern. Da Tobias' englischer Wortschatz begrenzt war, antworteten sie auf die meisten Fragen. Nur als jemand wissen wollte, ob der Junge schon seine Schuhe binden könne, verschlug es ihnen für einen Moment die Sprache. »Er rasiert sich jeden Tag nass«, gab der Vater zur Antwort.

Danach wurden Tobias alle Türen an dieser Schule geöffnet.

Tobias bei der Übergabe des Highschool-Diploms

Mit Hingabe lernte er nun englische Lieder, bekam Einzelunter-richt im Lesen und Schreiben, übte die Aussprache neuer Wörter. So dauerte es gar nicht lange, bis er die anderen verstand und selbst verstanden wurde. Tobias fand Freunde unter seinen Mit-schülern, durfte als Drummer in der Schulband mitspielen, griff als DJ zum Mikrofon. Er fühlte sich rundum wohl. Projektarbeiten in verschiedenen Fächern und längere Praktika, unter anderem in einem Supermarkt, erweiterten seinen Horizont.

Die zwei Schuljahre vergingen wie im Flug, und am Ende bekam Tobias ein richtiges Highschool-Diplom überreicht.

Welche Möglichkeiten gab es nun für ihn, den Weg der Inklusion weiterzugehen? Im Sommer 2000 – als Highschool-Absolvent nach Bayern zurückgekehrt – hätte Tobias sich verschiedene Berufstätigkeiten vorstellen können, nur nicht das Arbeiten in einer »Behindertenwerkstatt«. Doch in Deutschland schien er damals keine andere Wahl zu haben.

So kam es, dass die Familie ihren Wohnsitz auf der Insel Vashon behielt und eine Weile zwischen den Kontinenten pendelte.

Tobias arbeitete zeitweise in der Schulküche seiner alten Highschool, in einer Gärtnerei oder als Preisauszeichner in einem Spielwarenladen. Im Sommer half er auf einer Farm aus. Er schrieb Berichte für Zeitungen und war Auslandskorrespondent des Magazins »Ohrenkuss«. Am liebsten aber hielt er ein Mikrofon in der Hand, um Musiksendungen des Lokalradios »Voice of Vashon« zu moderieren. Rasch war sein anfängliches Lampenfieber verflogen, denn als DJ an der Highschool hatte er gelernt, dass echte Begeisterung andere mitzureißen vermag. Und Tobias' gute Laune steckte die Zuhörer an. Sein Traumberuf wäre es gewesen, sich bei einem richtigen Radiosender um die Musik zu kümmern. Er hätte den Hits der 80er Jahre mehr Geltung verschafft, aber auch Louis Armstrong und Chris de Burgh …

Doch diese Vorstellung verlor ihren Reiz, als plötzlich der Vater starb. Tobias empfand tiefe Trauer und zugleich den Wunsch, seiner Mutter zur Seite zu stehen. Er fühlte Verantwortung. Wer Verantwortung trägt, kann nicht immer tun, wozu er Lust hat. Nicht einmal der Papst. Tobias hatte im Radio gehört, dass Papst Benedikt eigentlich lieber Bücher geschrieben hätte, als das Petrusamt zu übernehmen. Tobias liebte seine Mutter. Er wollte, dass sie sich keine Sorgen um ihn machen musste. Und er hatte das Bedürfnis, etwas zur Familienkasse beizutragen. Also musste er einen Beruf wählen, den er daheim in Deutschland ausüben konnte und der möglichst gut bezahlt wurde. Er war nur 1,50 Meter groß, aber gern unter Menschen, und er konnte Englisch fast wie ein Muttersprachler. Was lag da näher, als Kindern Englischunterricht zu geben? Ja, das wollte er tun.

Nach dem Abschluss eines interdisziplinären Kurses am Vashon College, für den er ein Stipendium der Down-Syndrom-

Tobias Wolf – gerne am Mikrofon

Stiftung »Band of Angels« (Rochester Hills, USA) erhalten hatte, zog er mit seiner Mutter nach Deutschland zurück.

Durch die Vermittlung einer Bekannten fand er an der Montessori-Schule Biberkor, eine knappe Autostunde vom Wohnhaus der Familie entfernt, eine Teilzeit-Anstellung als Neigungsgruppenlehrer – auf einer Stelle für Spezialisten, die kein Pädagogikstudium absolviert haben.

Seit 2007 unterstützt Tobias dort Englischlehrerinnen beim Unterricht. Er hat selbst Arbeitsmaterialien dafür angefertigt, zum Beispiel Memory-Karten mit Bildern und englischen Vokabeln. Sein Vorschlag war es auch, ein Mikrofon im Unterricht einzusetzen. Wer die richtige Antwort auf eine Frage weiß, darf ins Mikrofon sprechen. Ebenso gern nutzt Tobias die eingängigen Kinderlieder des kanadischen Sängers Raffi Cavoukian, mit dem er dafür extra Kontakt aufnahm. Er bekam die Lizenz des Sängers, dessen Lieder für den Unterricht zu verwenden und – zusammen

Förderunterricht für einen Englischschüler mit Down-Syndrom

Vokabel-Memory am Schluss der Unterrichtsstunde

mit seinen selbst erstellten Lernhilfen – an interessierte Schulen, Lehrer und Studenten über TOBI'S BUSINESS AGENCY LTD. zu verkaufen.

Seine Einsätze in den Klassen bereitet Tobias sorgfältig vor. Manches ist für ihn Routine, anderes bespricht er zuerst mit seiner Mutter, die ihn außerdem, weil die Schule mit Bus oder Bahn schwer zu erreichen wäre, mit dem Auto zur Arbeit bringt und ihm bei Bedarf auch während der Unterrichtsstunden assistiert.

Alle Zweit- und Drittklässler der Montessori-Schule Biberkor haben mehrmals im Jahr Englischunterricht bei Herrn Wolf, außerdem gibt er Förderstunden in der vierten bis sechsten Jahrgangsstufe. Bei den Kleinen baut er in jede Doppelstunde ein Lied von Raffi Cavoukian ein.

Den Schülern gefällt das, genauso wie die fröhliche Art dieses Lehrers und die lustigen Lernhilfen. Wenn er Lieder anstimmt, singen irgendwann alle mit: »Everything grows and grows, sisters do, brothers do, everything grows. A blade of grass, fingers and toes, hair on my head … everything grows, anyone knows, that's how it goes.«
Seine Ideen, sein besonderes Talent, andere zum Mitmachen zu motivieren, sind auch dem Lehrerkollegium willkommen und bereichern zweifellos den Unterricht.

Es mag sein, dass Tobias' Weg zum Lehrerberuf ein einzigartiger war.
Er hat ungewöhnliche Chancen bekommen, die ihn jedes Mal neu herausforderten – ein bisschen wie im Märchen von der goldenen Gans. Doch ihm musste kein Zaubermännlein helfen, weil er Eltern hatte, die ihren Sohn mit Down-Syndrom nicht als hoffnungslosen Dummling behandelten, sondern ihm das Gleiche zutrauten wie seinen Brüdern.

Mit den beiden macht er auch heute noch viel gemeinsam: mit Matthias draußen Frisbee spielen, mit Andi Ski fahren oder ein

Popkonzert besuchen, mit Matthias abends die Nachrichten dis-
kutieren ...

Zu Ostern, als die ersten Auftritte des neuen Papstes für Schlag-
zeilen sorgten und die Kommentare seiner Beobachter auf allen
Fernseh- und Radiokanälen zu hören waren, lag auf dem Tisch
eine *Süddeutsche Zeitung* mit dem Foto des Mannes im weißen
Gewand. »Papst Franziskus liebt Fußball« stand darunter – und
auch, dass Jorge Mario Bergoglio ein treuer Anhänger des Fuß-
ballclubs San Lorenzo de Almagro sei. Tobias betrachtete das Foto
lange und sagte: »Ich denke, er würde auch gern zur Fußball-WM
nach Brasilien fahren. Mit seinen Freunden.«

Allein wegen dieses sanften Lächelns

Eine ganze Schulklasse stürmte in den Speisesaal. Stimmengewirr, Johlen, Gekicher, das sich auf vier lange Tische verteilte. Ein Stuhl flog um. Die Lehrerin, auf deren Wangen rote Flecken erschienen, rief zur Ordnung, und tatsächlich bildete sich vor dem Frühstücksbuffet eine ansehnliche, mit Tellern klappernde Schlange.

Als alle ihre Teller gefüllt und Platz genommen hatten, kehrte trotzdem keine Ruhe ein. Zwei Jungen ärgerten einander. Einer der beiden fischte Rührei aus seinem Tee. Das Mädchen neben ihm grinste und beobachtete mit Spannung jede Bewegung der Kontrahenten. Die Lehrerin mischte sich ein.

Daniel, dessen Joghurtlöffel auf einmal spurlos verschwunden war, stand auf, um einen neuen zu holen. Er ging zum Essensausgabeschalter. Die kleine Küchenhilfe dahinter lächelte ihn an und reichte einen blankpolierten Löffel heraus.

»Danke«, rief Daniel und musterte sie verstohlen. Irgendetwas an diesem Mädchen erinnerte ihn an die Frau aus dem Behinderten-Wohnheim, die er manchmal auf dem Heimweg von der Schule traf. Waren es ihre kurzen, plumpen Hände, das runde Gesicht oder dieses ungewöhnlich sanfte Lächeln? Daniel wusste es nicht.

Er lief zu seinem Platz zurück, nahm Joghurt, Brötchen und Honig und ließ sich das Frühstück schmecken. Dabei dachte er noch einmal an die Kleine mit der weißen Haube, die ihr eher das Aussehen einer Ordensschwester verlieh als das einer Küchenhilfe. Wie alt mochte sie sein? Höchstens zwei Jahre älter als er, also fünfzehn vielleicht …

Daniel war einer der Letzten, die Teller, Schüssel und Tasse auf den Geschirrwagen stellten. Da sah er, wie sie mit einem kleinen gelben Eimer in den Saal trat und die Tische abzuwischen begann. Er schielte zu ihr hinüber. Die weiße Haube hatte sie abgesetzt, glattes blondes Haar fiel auf ihre Schultern. Im Vorbeigehen ließ er einen raschen Blick über ihr Gesicht gleiten. Um ihre Augen spielten Lachfältchen. Sie schaute auf zu ihm und lächelte wieder – herzerwärmend, kein bisschen verlegen. Und das beim Tische-Abwischen! Anscheinend tat sie diese Arbeit gern.

Daniel zögerte für Bruchteile einer Sekunde, aber er hatte keine passende Bemerkung parat. Dann spürte er, wie Röte in seine

Wangen schoss, und ging geradewegs zum Ausgang des Speise-saals.

Beim Abendessen sah er sie nicht mehr, und am nächsten Morgen sortierte eine dünne grauhaarige Frau das Besteck. Ihr Blick blieb an Daniel hängen. Sie winkte ihn heran, griff nach dem gelben Eimer neben sich, in dem Wasser schäumte, und schob ihn über den Tresen.

»Du hast Tischdienst?«, fragte sie.

»Nein, wieso?«

»Heute ist Anna nicht da, heut' müsst ihr eure Tische selber abwischen!«

Anna hieß sie also, die kleine Küchenhilfe ... Aber warum sollte er den Tischdienst übernehmen? Er war weder dafür eingeteilt worden, noch hatte er auch nur die geringste Lust dazu.

»Ihr könnt euch jetzt drum streiten, wer es macht, oder du nimmst den Lappen und wischst einfach mal vier Tische ab.«

Zum zweiten Mal schob die alte Schachtel ihm den Eimer vor die Nase. Daniel verdrehte die Augen. Wäre er bloß nicht hergekommen.

»Meinst du, du schaffst das?«

»Ist Anna krank?«, wich er der Frage aus.

»Nein, sie hat frei.«

»Okay«, gab er sich geschlagen, »dann tue ich jetzt mal ihren Job.«

»Einen kleinen Teil davon«, erwiderte die Alte ungerührt. »Anna macht mehr als ein paar Tische abzuwischen – und das übrigens gerne!«

Als er den benutzten Wischeimer zurückbrachte, wirkten die strengen Züge um ihren Mund weniger hart und spöttisch. Zufrieden sah sie ihm entgegen, fast so wie seine Großmutter, wenn er ihr geholfen hatte, im Hühnerstall die Eier einzusammeln. Daniel musste grinsen.

»Ist Anna morgen wieder da?«, erkundigte er sich. »Ich schau ihr lieber beim Arbeiten zu. Sie lacht so nett.«

»Samstags arbeitet Anna nicht«, sagte die Küchenfrau.

»Schade«, rutschte Daniel über die Lippen. Er wurde rot und fügte hastig hinzu: »Dann brauchen wir morgen einen neuen Tischdienst.«

»Interessiert sie dich, unsere Anna?« Neugierig starrte die Frau ihn an.

Mit einer so direkten Frage hatte Daniel nicht gerechnet, und besonders schlagfertig war er nicht.

»Vielleicht«, stammelte er.

Die Alte lachte auf. Dann zog sie die Augenbrauen zusammen. »Anna ist ein Engel«, sagte sie, »kein normales Mädchen.«

»Ein Engel in der Jugendherberge?«, brachte Daniel eingeschüchtert hervor.

»Da, wo man sie braucht.«

Die Frau beugte sich über den Tresen.

»Ein Engel, der Zank und Streit vertreibt. Anna erträgt kein böses Wort. Hier in der Küche traut sich niemand mehr zu

72

schimpfen, wenn sie da ist, weil sie sich sonst den ganzen Tag damit beschäftigt und immer wieder wissen will, warum.«

»Das kann ich mir vorstellen«, murmelte Daniel, gespannt, ob die Küchenfrau noch mehr erzählen würde. Sie ähnelte wirklich seiner Großmutter: streng und spitzzüngig auf den ersten Blick, doch eigentlich gar nicht so verkehrt.

»Wer Anna kennt, überlegt sich jedes laute Wort. Aber sie kann auch energisch auftreten, wenn jemand ungerecht behandelt wird. Sie ist eben ein Engel, so wie viele Menschen mit Down-Syndrom.«

»Down-Syndrom«, schoss es Daniel durch den Kopf – das war es, was ihn an die Frau aus dem Behinderten-Wohnheim erinnert hatte. Annas kurze Hände, ihr rundes Gesicht und dieses unglaubliche Lächeln gehörten also zu einer Krankheit, von der vor kurzem in einer Fernsehsendung die Rede war. Irgendwas mit den Chromosomen stimmte da nicht. Und es gab irgendeinen Test, über den die Leute stritten, weil er dazu genutzt wurde, solche Kranken gar nicht erst auf die Welt kommen zu lassen ...

Doch hatte die Küchenfrau nicht eben davon gesprochen, dass viele von ihnen wie Engel seien? So wie Anna?

Ein kranker Engel – das war eine seltsame Vorstellung. Aber war Anna denn überhaupt krank? Wohnte sie auch in einem Behinderten-Wohnheim? Und wieso arbeitete sie hier in der Jugendherberge?

»Ich muss weitermachen«, sagte die Küchenfrau. Sie warf noch einen prüfenden, gar nicht unfreundlichen Blick auf den Jungen, und nahm das Geschirrtuch zur Hand. »Am Montag ist Anna wieder da.«

»Aber wir nicht mehr«, stellte Daniel mit Bedauern fest. »Wir bleiben nur bis morgen. Darf ich noch etwas fragen?«

»Wenn's schnell geht.«

»Wieso arbeitet Anna hier?«

»Warum denn nicht? Sie hilft in der Küche und im Speisesaal. Der Koch sagt ihr, was zu tun ist. Außerdem wird sie von einer

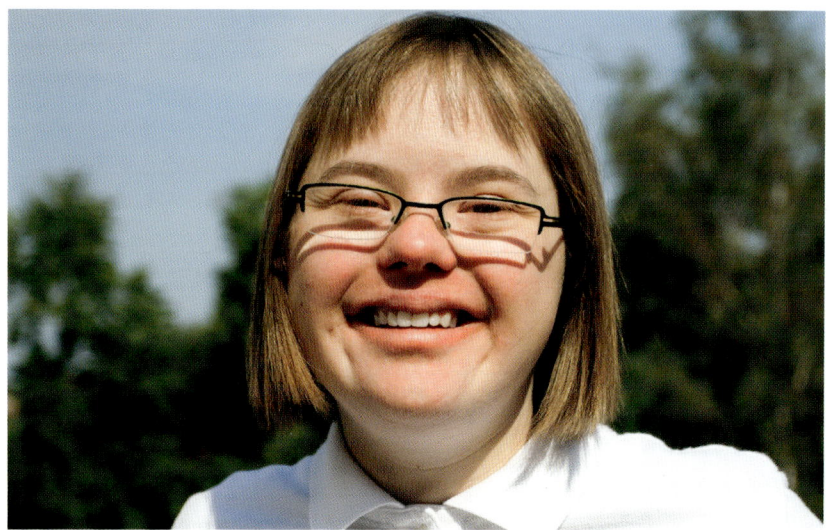

Dame betreut, die zu *Integra MENSCH* gehört.[5] Das ist ein Bereich der Bamberger Lebenshilfe. Diese Dame hat alles mit ihr geübt – so lange, bis Anna es konnte. Einmal in der Woche kommt sie her und schaut, ob es Probleme gibt oder ob Anna etwas Neues lernen soll. Denn da braucht sie jemanden mit viel Geduld. Sie hat hier bei uns auch einen Paten, der klare Ansagen macht und bei dem alles zusammenläuft – kannst du übrigens jemanden organisieren, der morgen früh die Tische abwischt?«

»Ist sie wirklich krank?«

»Keine Angst, Down-Syndrom ist nicht ansteckend. Anna ist nicht kränker als du, nur ein bisschen behindert. Sie kann zum Beispiel nicht sagen, wie spät es ist, aber sie weiß genau, wie die Uhrzeiger stehen müssen, wenn die Mittagspause beginnt. Damit kommt sie ganz gut durch den Tag. Manches kann sie besser als wir: Menschen trösten oder zum Lachen bringen. Sie spielt auch

---

5   www.integra-mensch.de.

Schlagzeug in einer Band und Basketball in einer richtigen Mannschaft.«

Daniel pfiff anerkennend durch die Zähne.

»Wo wohnt sie denn?«, fragte er.

»Willst du sie besuchen?«

»Nein, ich will nur wissen, ob sie in einem Behinderten-Wohnheim lebt.«

»Anna wohnt bei ihren Eltern und Geschwistern, ein paar Straßen entfernt von hier. Sie ist Anfang zwanzig, da gefällt's manchen noch daheim. Das waren aber viele Fragen!«

Daniel holte tief Luft. »Okay, dann höre ich jetzt auf damit. Ich muss eh zu meiner Klasse.«

»Und was ist mit dem Tischdienst morgen?«

»Mal sehen«, rief Daniel, der sich rasch entfernte. »Grüßen Sie Ihren Engel von mir!«

***

Anderthalb Jahre später sitzt Daniel vor dem Computerbildschirm und sucht im Internet nach einem Platz für das Berufsfindungspraktikum, das in der neunten Klasse vorgesehen ist. Er könnte es in irgendeinem Handwerksbetrieb in seinem Dorf absolvieren, so wie die meisten seiner Mitschüler. Aber er hat die Seite der Bamberger Lebenshilfe aufgerufen und informiert sich gründlich. »Wir setzen uns dafür ein, dass Menschen mit Behinderungen in unserer Region dazugehören: beim Arbeiten, beim Wohnen, in der Nachbarschaft, in den Vereinen«, steht dort.

Für manche Menschen scheint die Lebenshilfe von klein auf eine Rolle zu spielen. Daniel liest von Frühförderung, Beratungsstellen und verschiedenen Wohnformen für Erwachsene, von Beschützenden Werkstätten und *Integra* MENSCH-Arbeitsplätzen in einem Patenbetrieb. »Arbeiten – da, wo andere auch arbeiten«, lautet ein Slogan. Er denkt an die Klassenfahrt nach Bamberg und die Jugendherberge hinter dem Dom, an den gelben Wischeimer und an die kleine Küchenhilfe, die von anderen »Engel« genannt wurde.

Dort bei der Lebenshilfe könnte er Menschen wie Anna kennenlernen. Er würde genau hinschauen und bei manchem vielleicht etwas entdecken, das er an anderen noch nie wahrgenommen hat, das einem nicht mehr aus dem Kopf geht – so wie Annas Lächeln …

»Lebenshilfe Bamberg«, meldet sich eine Frauenstimme am Telefon.

»Kann ich ein Schülerpraktikum bei Ihnen machen?«, fragt Daniel.

ANNA LANGLOUIS, Mitarbeiterin einer Jugendherberge
in Bamberg (seit 2012)

Cornelia Albert, Polizeiangestellte

»Männer, wir stehlen ein Schiff!«

Als Conny fünf Tage nach ihrer Geburt aus der Klinik entlassen wurde, schien die Welt noch in Ordnung. Die etwas schiefstehenden Augen und die sonderbare Falte auf den Fußsohlen hätten wohl nichts zu bedeuten, war ihren Eltern vermittelt worden. Deshalb traf es sie wie ein Blitz, was der Kinderarzt während der Vorsorgeuntersuchung sagte: Conny sei »mongoloid«.

Sechs Wochen später lag ein Brief aus dem humangenetischen Institut im Briefkasten, in dem von einem »Down-Syndrom in Mosaikform« die Rede war. Von 50 untersuchten Blutzellen seien 26 auffällig gewesen und 24 normal. Aufatmen konnten Connys Eltern nach dieser Mitteilung nicht, denn über Mosaikformen wusste man damals nur sehr wenig. Vielleicht würde Conny sich ein bisschen besser entwickeln als ein »Durchschnittskind mit Down-Syndrom«, meinten die Ärzte. Ob sie lesen und schreiben lernen könne, sei ungewiss. Eine normale Entwicklung hielten alle Befragten für ausgeschlossen. Conny hatte auch ein Loch in der Vorhofscheidewand des Herzens, wie mehr als die Hälfte der Kinder mit Down-Syndrom. Am vernünftigsten schien es daher, mit dem »Vollbild« dieses Syndroms zu rechnen.

Die Eltern suchten Rat bei medizinischen Spezialisten und bei einer Selbsthilfegruppe. Sie brachten ihre Tochter regelmäßig zur Krankengymnastik und zur Frühförderung. Connys Entwicklung erstaunte alle: Mit einem Jahr sprach sie die ersten Worte, mit 13 Monaten konnte sie laufen. Das Loch im Herzen wurde von allein kleiner – so wie auch andere Sorgen der Eltern. Eine Operation war nicht erforderlich.

Ab Herbst 1989 – Conny war inzwischen anderthalb Jahre alt – ging ihre Mutter wieder an drei Tagen pro Woche arbeiten. In dieser Zeit wurde Conny von einer der beiden Omas betreut. Der Bauernhof in Kalchreuth, auf dem ihr Vater aufgewachsen war, bot genügend Platz zum Herumtollen an der frischen Luft. Auch die Großeltern mütterlicherseits, die wenige Bushaltestellen entfernt in derselben Stadt wie Conny wohnten, mochten die Kleine sehr, obwohl sie sehr anstrengend sein konnte. Besonders auf Busfahrten, wenn irgendetwas nicht nach ihrem Willen lief.

Der Mutter war das manchmal so peinlich, dass sie zwei Haltestellen eher ausstieg und den Weg mit Conny zu Fuß fortsetzte, um den Blicken der Leute zu entkommen.

Auch wenn die Frühförderung viel dazu beitrug, Connys Feinmotorik zu verbessern, waren Fingerübungen, Geschicklichkeitsspiele oder Basteln nie ihre Stärke. Mit drei Jahren ärgerte sie sich, dass sie nicht so schnell durch den Sandkasten laufen konnte wie die anderen. Auf unebenem Boden fiel ihr das Laufen schwer. Je unsicherer sie sich fühlte, desto öfter stolperte sie. Neue Bewegungsmuster erlernte sie nur sehr langsam. Andererseits machten Puzzles ihr keine Mühe, egal wie viele Teile sie hatten.

Im März 1992 kam Connys Bruder Christian zur Welt. Die Mutter blieb nun mehrere Jahre lang zu Hause bei den Kindern, der Vater unterstützte sie nach Möglichkeit. Er übernahm den Gang zum Arzt oder andere Termine am Abend.

Schon als Vierjährige liebte Conny Bücher mehr als jedes Spielzeug. Sie betrachtete aufmerksam die Bilder auf den Seiten, bevor sie umblätterte, lauschte gebannt, wenn ihr jemand vorlas. Einmal

CORNELIA ALBERT, Polizeiangestellte im Schreibdienst
bei der Verkehrspolizeiinspektion Erlangen (seit 2011)

wachte sie nachts um halb zwei auf und rief: »Mama, Buch lesen!«
Vergeblich hoffte die Mutter, Conny würde von selbst wieder
einschlafen. Nein, das Kind quengelte so lange, bis sie aufstand
und sich mit einem Buch an Connys Bett setzte. Wenige Minuten
später konnte sie das Licht löschen.

Die Kinder wurden größer und die Nächte ruhiger. Vormittags
besuchte Conny jetzt einen integrativen Kindergarten, die Nach-
mittage verbrachte sie zu Hause. Ihren kleinen Bruder mochte
sie sehr, zumal dieser laufen gelernt hatte und mit wachsender
Begeisterung ihre Detektivspiele mitmachte. Christians Abenteu-
erlust passte zur überschäumenden Phantasie seiner Schwester.
Mal verfolgten sie gemeinsam einen Bösewicht, mal mussten sie
vor einer Räuberbande fliehen. Die vier Zimmer des Hauses boten
ausreichend Gelegenheiten, sich zu verstecken, und immer wusste
Conny dabei etwas Aufregendes zu erzählen!

Conny und ihr Bruder Christian

Wirklich schwierig wurde es erst, als es darum ging, für Conny eine Schule zu finden. Nachdem die Waldorfschule sie abgelehnt hatte, bemühten die Eltern sich um einen Platz an der Erlanger Montessori-Schule. Dort erklärte man: »Wir sind gerade erst als reguläre Schule anerkannt worden. Ein Kind mit Down-Syndrom können wir uns jetzt nicht leisten.« Solche Erfahrungen waren sehr frustrierend. Doch dank mehrerer Gutachten wurde Conny schließlich in die Diagnose- und Förderklasse der Jean-Paul-Schule in Erlangen aufgenommen, wo man Kindern mit besonderem Förderbedarf über drei Jahre verteilt den Schulstoff der ersten beiden Klassenstufen vermittelte.

Lesen und Schreiben lernte Conny rasch. Sobald ihr genügend Buchstaben zur Verfügung standen, begann sie ihre Hefte mit

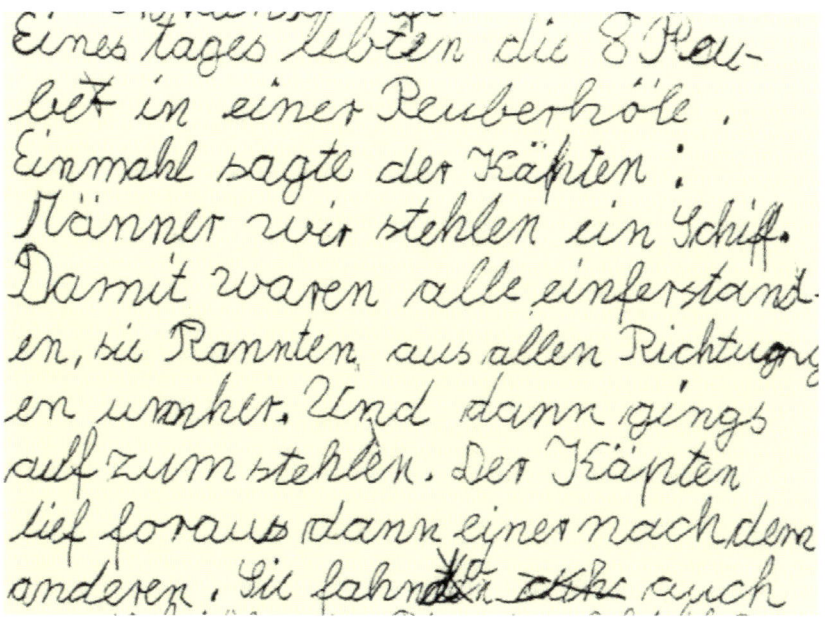

Auszug aus Connys Schreibheft

selbst ausgedachten Abenteuer- und Piratengeschichten zu füllen. Die Lehrer schmunzelten und lobten sie dafür.

Nach der Schule besuchte Conny die Heilpädagogische Tagesstätte St. Kunigund in Eltersdorf und erledigte ihre Hausaufgaben. Da ihr am Ende des dritten Schuljahres auch die Grundrechenarten keine Schwierigkeiten mehr bereiteten, durfte sie im Herbst 1997 an die Grundschule ihres Wohngebietes wechseln – in eine reguläre dritte Klasse.

Während eines längeren Schwimmkurses hatte Conny mit sieben Jahren das Schwimmen gelernt. Seitdem war es immer schwierig, sie aus dem Wasser zu kriegen. Auch im Frühsommer, wenn andere sich noch gar nicht ins kalte Freischwimmerbecken trauten. Im Allgäu schwamm sie einmal – zum Schrecken ihrer Eltern – über den ganzen Hopfensee. Der Vater versuchte, sie mit einem Schlauchboot einzuholen, aber Conny ließ sich nicht von ihrem Vorhaben abbringen.

Bei der offiziellen Fahrradprüfung in der vierten Klasse fiel Conny zweimal durch, was sie sehr verdross. Trotzdem stieg sie immer wieder aufs Rad und fuhr dann eben ohne Plakette zum Freibad.

Langeweile kannte Conny nicht. Dafür hatte sie zu viel Phantasie. War sie allein, erfand sie sich kurzerhand ein paar Gefährten, die mit ihr eine Bande gründeten und natürlich Conny zur Anführerin wählten. Zusammen kamen sie gefährlichen Verbrechern auf die Spur, lösten Fälle, die der Polizei ein Rätsel waren, und ließen selbst im Freibad ihre Augen schweifen, damit ihnen nichts Verdächtiges entging. Ihre Erlebnisse als Hobby-Detektivin schrieb Conny in ein Notizbuch, das sie überallhin mitnahm.

Viel zu schnell war die Grundschulzeit vorbei. Zwei Jahre an einer lokalen Hauptschule schlossen sich an. Mit dem Unterrichtsstoff hatte Conny kaum Probleme, nur das Einpacken des Federmäppchens ging noch nicht flott genug. Einmal wurde sie aus Versehen von der Lehrerin im Klassenzimmer eingesperrt. Conny hatte unter der Bank in ihrer Büchertasche gekramt und war die Letzte im Zimmer. Die Lehrerin, die keinen Schüler mehr sah, schloss die Tür ab. Glücklicherweise lag das Klassenzimmer im Erdgeschoss – Conny öffnete ein Fenster und kletterte hinaus.

Die verflixte Langsamkeit machte ihr vor allem im Sportunterricht zu schaffen. Sie durfte nicht mit ins Skilager, weil sie das Fahren mit Abfahrtsskiern nie geübt hatte und keiner ihr zutraute, es dort zu lernen. Conny galt als Sonderfall. Es gab Lehrer und Mitschüler, die sie trotzdem normal behandelten, und es gab andere. Als ihr Bruder, der später dieselbe Schule besuchte, Klassenkameraden erklärte, dass Conny seine Schwester sei, wurde er gefragt: »Bist du auch behindert?«

Mit der siebten Klasse wechselte Conny an die Wirtschaftsschule, auf einen vierjährigen Zweig mit kaufmännischem Schwerpunkt. Dort lernte sie den Umgang mit Computern und unregelmäßigen englischen Verben, Prozentrechnung und Maschinenschreiben nach dem Zehnfingersystem. Wenn ihr etwas misslang, wurde sie oft vom Ehrgeiz gepackt und übte, bis sie es konnte. Besonders eifrig trainierte sie das Maschinenschreiben. Bei einem Schulwettbewerb brachte sie es auf 295 Anschläge pro Minute und gewann. Sie brachte respektable Zeugnisse heim und bestand schließlich die Prüfungen zur Mittleren Reife.

Dennoch fand Conny keine Ausbildungsstelle. Niemand schien einer jungen Frau mit Down-Syndrom eine normale Berufstätigkeit zuzutrauen. Um bessere Chancen zu haben, nahm sie ein Jahr lang an einer berufsvorbereitenden Bildungsmaßnahme teil, die verschiedene Praktika umfasste, unter anderem in den Erlanger Stadtwerken und auf dem Standesamt.

Die einzige Möglichkeit, die sich danach eröffnete, war eine von der Bundesfinanzdirektion Südost angebotene Büro-Ausbildung – beim Zoll! Das klang nach Schmugglerjagd und Aufdeckung schmutziger Geschäfte ... Dafür nahm Conny gern die Pendelei mit dem Zug zwischen Erlangen, Nürnberg und Fürth in Kauf.

Leider war jedoch von Anfang an klar, dass sie später nicht in ein Arbeitsverhältnis übernommen werden würde. Trotzdem gab sie sich die größte Mühe und schloss die dreijährige Berufsausbildung erfolgreich mit der Gesamtnote Drei ab.

Im Sommer 2009 hatte Conny also einen Berufsabschluss, aber keine Arbeit.

Nach monatelanger vergeblicher Suche wurde sie in eine Fördermaßnahme des Arbeitsamtes aufgenommen. Ein Integrationsfachdienst sollte ihr nun dabei helfen, einen passenden Arbeitsplatz zu finden. Conny nahm diese Unterstützung dankbar an. Jede der Bewerbungen, die sie schrieb, meinte sie ernst. Das unterschied sie von anderen, die zum »bunten Haufen« der schwer Vermittelbaren gehörten. Zwar hatte Conny sich daran gewöhnt, mit ihrem Schwerbehindertenausweis umsonst Bus fahren zu dürfen, aber sie konnte sich nicht vorstellen, langfristig von Sozialhilfe abhängig zu sein. Sie wollte arbeiten, unbedingt.

Sechs Mal bewarb sie sich bei der Polizei. Wurde sie während des Vorstellungsgesprächs nach ihren Hobbys gefragt, nannte Conny zuerst ihre Begeisterung für Detektivgeschichten und ließ nicht unerwähnt, dass sie selber solche Geschichten schrieb. Fünf Mal wurde sie abgelehnt. Ihr Vater erkundigte sich nach den Gründen, worauf er meistens zur Antwort erhielt: »Es gab eine besser geeignete Bewerberin.« Einer der Beamten deutete an, dass die Polizei kein großes Interesse an Möchtegern-Detektiven und Krimiautoren habe, sondern Mitarbeiter brauche, die Dienstgeheimnisse zu wahren wüssten.

Also schärfte Connys Vater seiner Tochter ein, nicht mehr so offenherzig von ihrem Hobby zu erzählen. Sie durchforsteten weiterhin zusammen Stellenausschreibungen, bis sie auf eine stießen, in der eine Schwangerschaftsvertretung für den Schreibdienst der Verkehrspolizei gesucht wurde, befristet auf 15 Monate. Conny verfasste ein neues Anschreiben und wartete auf die Gelegenheit, sich vorzustellen. Diesmal verschwieg sie ihre Neigung zur Schriftstellerei und wurde unter sieben Bewerberinnen tatsächlich

Erschöpft, aber glücklich: Conny nach dem Dienstsport

ausgewählt. Ob es an ihrer geänderten Taktik lag oder daran, dass der Arbeitgeber verpflichtet war, bei gleicher Eignung Schwerbehinderte zu bevorzugen, ob ihre Zeugnisse oder der finanzielle Zuschuss des Integrationsamtes den Ausschlag gaben, wird sie vermutlich nie erfahren.

Zwei Jahre ist Conny nun schon bei der Verkehrspolizeiinspektion Erlangen beschäftigt. Sie erstellt Schriftstücke nach Tonbanddiktat, füllt Formblätter aus und erledigt viele kleine Verwaltungsaufgaben. Manchmal führt sie bei Zeugen- oder Beschuldigtenvernehmungen das Protokoll. Langweilig ist das nie, obwohl es in der Regel nur um kleinere Unfälle mit ein paar Blechschäden geht. Die sind für Conny längst Routine.

»... Alles Weitere finden Sie in der Straßenverkehrszulassungsordnung.«

Zuerst war sie ganztags tätig, bis die vorherige Stelleninhaberin aus der Elternzeit zurückkehrte. Seitdem arbeitet Conny auf einer Teilzeitstelle. Montags und mittwochs bleibt sie immer etwas länger, um am Dienstsport der Polizei teilzunehmen.

Connys Vorgesetzte sind zufrieden mit ihr, sonst wäre ihr befristeter Arbeitsvertrag nicht verlängert worden. Conny ist pünktlich, zuverlässig und bereit dazuzulernen – auch bei Verordnungen und Gesetzen, mit denen sie noch nicht so oft zu tun hatte.

Nach der Arbeit bummelt Conny durch die Straßen der Stadt, setzt sich irgendwo in ein Café und holt ihr Notizbuch hervor, um weiter an ihrem Krimi zu schreiben. Den wird zuerst ihr Bruder zu lesen bekommen, wenn er fertig ist. Ein Krimi – spannend wie das wirkliche Leben, aber eine ganz und gar erfundene Geschichte. Denn Dienstgeheimnisse behält Conny für sich.

Ein Chromosom mehr oder eins zu viel?

Ein dunkler Wintermorgen um halb sechs. In der Nacht hat es geschneit. Simons Vater könnte noch liegen bleiben, doch als er hört, dass Simon sich auf den Weg zur Arbeit macht, steht er auf. Vorm Fenster taut der Schnee bereits. Die Straße ist sicher glitschig. Er schlüpft in seine Schuhe und erreicht Simon gerade noch, bevor dieser draußen auf sein Mofa steigt, um zum Bahnhof zu fahren. Ein kurzer Wortwechsel, dann kehrt der Vater zufrieden ins warme Bett zurück. »Ich habe ihm verboten, mit dem Mofa zu fahren«, sagt er zu seiner Frau.

Am nächsten Tag geht es endlich in die Skiferien, auf die Simon sich immer mächtig freut. Kaum angekommen, hat er schon Skier unter den Füßen. Aber dann, als er neben seiner Mutter im Sessellift sitzt, wirkt er irgendwie bedrückt: »Du, ich sag dir etwas, wenn du nicht schimpfst ...«

Die Mutter verspricht, nicht zu schimpfen.

Geheimnisvoll flüstert Simon: »Weißt du, wo jetzt grad mein Mofa ist?«

Der mütterliche Blick lässt weniger Überraschung erkennen, als Simon erwartet hat. »Steht es in Baden am Bahnhof?«

Simon nickt.

Die Mutter schaut ihm in die Augen – mit gespieltem Entsetzen – und fragt verblüffend sachlich: »Warum hast du das Mofa genommen? Papa hatte es dir doch verboten.«

»Ich wollte es eben ganz fest.«

»Papa hat dich doch gesehen, wie du zu Fuß Richtung Bahnhof gegangen bist?«, fragt die Mutter weiter.

»Ja, das stimmt. Aber dann, als er wieder im Haus war, hab ich das Mofa geholt. Und jetzt steht es am Bahnhof, weil ich mich nicht getraut hab, auf der glatten Straße zurückzufahren. Hoffentlich wird es nicht gestohlen ...«

»Hast du es abgeschlossen?«

»Ja, ganz sicher.«

Damit ist dieses Beichtgespräch zu Ende, weil sie aussteigen müssen. Sichtlich erleichtert jagt Simon zur Talstation hinab.

Spätabends – Simon ist längst schlafen gegangen – sitzen seine Eltern noch beieinander. Früher hätten ihnen ein paar Stunden auf der Skipiste nicht genügt, um auch innerlich im Urlaub anzukommen. Doch das hat sich geändert. Sie haben über verschneite Waldwege gesprochen, über Tierspuren im frischen Schnee, die Simon einem Rothirsch zuordnete, und schließlich darüber, wie sehr Simon ihre eigene Entwicklung beeinflusst hat.

Von Anfang an war er ein Familienabenteuer, die Beziehung zu ihm ein gegenseitiges Geben und Nehmen. Sie könnten nicht sagen, wer mehr profitiert und wer mehr gegeben hat.

Der Mutter fällt ein, wie sie einmal verzweifelt ihre guten Stiefeletten suchte. Sie hatte es eilig, ein Termin drückte. Irgendwo mussten diese Schuhe doch sein. Sie schaute in Regale, unter Schränke und Betten. Alles Mögliche kam zum Vorschein, nur kein Paar heller Stiefeletten. Auf einmal stand Simon in der Tür, mit breitem Grinsen, die gesuchten Schuhe in der Hand. Seine Mutter riss die Augen auf. »War nicht schwer für mich, sie zu finden. Ich hab ja auch ein Chromosom mehr«, erklärte er.

SIMON FEDERER, Hauswart einer Privatschule in Aarau (seit 2011)

Nichtsahnend, welches besondere Kind zu ihnen kommen würde, hatten Simons Eltern für die Geburtsanzeige den Spruch gewählt: »Komm in unsere Hütte und bring vom Winde mit, der durch die Fichtenzweige weht.« Anfang Februar 1986, zwei Jahre nach ihrem ersten Baby, lag Simon einen Monat zu früh in Mutters Arm. Er war blau, winzig klein und hatte schräge Augen. Das Glücksgefühl, das nach der ersten Entbindung dagewesen war, stellte sich nicht ein. Stattdessen lief das medizinische Denken der Eltern auf Hochtouren. Die bis dahin heile Welt des Arztehepaares brach aus den Fugen. Simons Eltern hatten bewusst keine vorgeburtliche Diagnostik betrieben, aber auf das Leben mit einem Kind mit Down-Syndrom waren sie nicht vorbereitet.

Zwar zeigte der Junge außer einem Übermaß an roten Blutkörperchen, das gleich in der ersten Nacht einen Blutaustausch erforderlich machte, keine ganz schlimmen Krankheitszeichen. Er war jedoch so schwach, dass er immer wieder in einen narkoseähnlichen Schlaf fiel, bevor er genügend getrunken hatte.

Die Großmutter versuchte die Eltern zu trösten: Das sei zum Glück ein Kind, das ruhig schläft.

Simon weinte nicht, weil er gar keine Stimme hatte. Er atmete sehr unregelmäßig und hatte eine bläulich-graue Haut. Wollte er leben oder sterben? Das war vor allem für die Mutter ein Dilemma. Immer wieder versuchte sie Kontakt aufzunehmen zu diesem Wesen, das schon in der Schwangerschaft nicht so auf ihren Dialogversuch eingegangen war wie das erste Kind. Die Kommunikation mit Simon fing erst an, als sie mit sich selbst in einen Dialog kam.

Zu diesem Zeitpunkt war Simon vier Wochen alt und die Diagnose Trisomie 21 noch nicht gesichert. Das erfolglose, verzweifelte innere Suchen, was Simon wolle, endete damit, dass in seiner Mutter die Frage auftauchte: Was will ich denn selber? Sie zuckte mit den Schultern, als wüsste sie das nicht. Da nahm sie sekundenlang ein inneres Bild wahr: einen großen, gut aussehenden Mann, der mit ruhiger Stimme sagte: »Mir ist egal, ob ich behindert bin. Du kannst die Chance ergreifen, wenn du willst.« Simons Mutter erschrak. War das wirklich eine Chance? Ihre Beine zitterten. Tief hinter dem Brustbein spürte sie jedoch einen klaren Impuls: »Ich will.« Dieser Impuls unterschied sich deutlich von all den aufgewühlten Emotionen, den widersprüchlichen Gedanken und Wünschen, die sich bislang in ihr Raum verschafft hatten. War dies der Draht zu Simon – jene Verbindung zwischen Mutter und Kind, die am Anfang der Entwicklung aller Menschen steht und sie fürs Leben prägt? Zu ihrem Erstaunen hatte sich auch die Atmung des Säuglings normalisiert. Bewusst richtete sie jetzt ihre Aufmerksamkeit ganz auf diesen inneren Ort zwischen Brustbein und Wirbelsäule, auf ihre Mitte. Dort war sie mit Simon verbunden, konnte mit ihm kommunizieren. Und plötzlich tauchte der Gedanke auf, dass Simon vollkommen »richtig« sei, so wie er war. Auf einmal war sie voller Kraft und Freude, ganz sie selbst und doch irgendwie eins mit Simon.

Tief beeindruckt von dieser körperlichen Veränderung entschieden sich die Eltern, das Risiko eines neuen Denkens und Handelns einzugehen und offen zu bleiben für die Überraschungen, welche Simon brachte.

Das war das erste Mal, dass die Mutter Simons »Geheimsprache« verstand. Von da an erkannte sie immer wieder an seinen Signalen wie Schlaffheit, einem nach vorn geschobenen Unterkiefer oder einem abwesenden Blick, wenn der Draht zu ihr abgerissen war. Sie lernte, sehr genau auf seine wie ihre Körpersignale zu achten, die den Weg zu Autonomie und inniger Beziehung wiesen.

Der Vater hatte die erste Zeit mit Simon als sehr bedrückend empfunden – bis er bemerkte, dass ihn immer dann Verzweiflung überkam, wenn er Gedanken an die Zukunft zuließ. Als er anfing, sich zu fragen, wie denn die Situation im Moment sei, war sie oft anstrengend, manchmal schwierig, wenn für ein Problem keine Lösung in Sicht war, manchmal höchst originell und ungewohnt, aber fast immer herzlich und meistens gut zu ertragen. Die Situation im Moment wahrzunehmen und innehalten zu können, bis eine der möglichen Sichtweisen sich stimmig und lebendig anfühlte, ohne in der Vorstellung zu verharren, wie es mit einem Kind ohne Down-Syndrom wäre, das war die entscheidende Lektion, die Simons Eltern gemeinsam lernten. Bis heute ist diese Strategie das Markenzeichen der Familie. Die große Sorge um Simons Zukunft wandelte sich in eine Beziehungsneugier.

Von der Großmutter über die Cousinen bis zum kleinen zweijährigen Bruder halfen alle mit, Simon aus seinem Dämmerzustand zu holen: Singen, Streicheln, Baden, Rufen bewirkte manchmal, dass er die Augen öffnete und den Umstehenden einen tiefsinnigen Blick schenkte. Als er sie zudem mit Schalk in den Augen und einem langen, kullernden Lachen überraschte, wusste die Familie, dass auch er voller Geist und Kraft war, wenn es ihm gut ging.

Simon liebte es, die Welt um ihn herum zu entdecken, aber er konnte es gar nicht leiden, wenn jemand ihm vorschreiben wollte, wie er das zu tun hätte. So sollte er in der heilpädagogischen Frühförderung einmal farbige Klötzchen sortieren: die roten in den roten Becher, die blauen in den blauen Becher. Simon ordnete sie auf seine Art. Die Heilpädagogin zeigte ihm geduldig, was sie unter Ordnung verstand. Irgendwann würde er es schon lernen. Beim dritten Mal verschränkte Simon seine Hände und schaute die Heilpädagogin und seine Mutter mit einem Blick an, der mehr sagte als tausend Worte. Amüsiert und gleichzeitig beschämt ließen die beiden das Farbentraining sein.

Viel besser hatte es Simon immer gefallen, auf Papas Schultern zu sitzen oder zu stehen und »Mamaschreck« zu spielen. Darin unterschied er sich kein bisschen von seinem Bruder Jonas. Die meisten Spiele, die Jonas als Kleinkind geliebt hatte, faszinierten auch Simon.

Die Veranda des Hauses wurde für die Nachbarskinder zur Attraktion, weil sie auch auf dem Trampolin springen, an der Seilwinde schaukeln oder auf dem Schwebebalken balancieren wollten. Simon hatte all dies erstaunlich schnell gelernt. Jonas war sein

großes Vorbild, denn der brachte ihm immer wieder Neues bei –
meistens mit viel Geduld. Aber Jonas wies ihn auch zurecht, wenn
es ihm einmal zu viel wurde.

Um mit Simon das Radfahren zu üben, setzte er sich auf den
Gepäckträger des Kinderrades und ließ Simon vorne treten und
lenken. Sobald das Gefährt im Gleichgewicht war, sprang er ab.
Simon fuhr allein weiter, bis er irgendwo im Gras landete. Das
war für die beiden so spannend, dass sie stundenlang nichts anderes taten. Danach konnte Simon Rad fahren. Nur eine kleine
Schramme am rechten Ellenbogen zeugte von der Zähigkeit, mit
der er geübt hatte.

Und gestern sah er eben kein Problem darin, mit dem Mofa über
vereiste Straßen zu schlittern ...
   Simon war ungehorsam gewesen, aber er hatte selbst gemerkt,
dass Moped fahren auf Eis gefährlich ist. War eine Standpauke
dann noch nötig? Als der Vater unten am Skilift auf ihn wartete
und sich fragte, ob er den Jungen noch einmal zur Rede stellen
müsse, bekam er eine SMS: »Die Schneeflöcklein tanzen und eines
sitzt mir grad auf der Nasenspitz. Gruß, Simon.«
   Auf eine Standpauke konnten beide gut und gern verzichten.

*Die Eltern schweigen eine Weile, in Gedanken versunken. Zu Bett
gehen wollen sie noch nicht.*

Solange das Leben pulsierte, waren alle glücklich. Es hatte aber
auch andere Zeiten gegeben, mit gedrückter Stimmung und einem
»bockigen« Simon, der den Unterkiefer nach vorne schob und
sich steif machte. Dann stellte die Mutter auch an sich selbst eine
innere Unruhe oder eine Schwere im ganzen Körper fest. Wenn sie
sich bemühte, in diesem Zustand eine »gute Mutter« zu sein und
mit den Kindern zu spielen, war das eher eine Pflichtübung als ein
Vergnügen.
   In diesen Situationen half es nur, die Aufmerksamkeit auf jene
Stelle hinter dem Brustbein zu richten, wo sie ganz bei sich war und
doch verbunden mit Simon. Dort nahm sie auch dann noch krea-

Simon im Urlaub

tive Impulse wahr, Ideen, die zwar quer zum gewohnten Denken auftauchten, dafür aber aus der Tiefe stammten, wo die Kommunikation mit Simon gelang. Sie war immer fasziniert gewesen, wie gut das funktionierte. So fand sie heraus, wohin es in den Urlaub gehen sollte, welche Schule am besten zu Simon passte oder ob es richtig wäre, ihn allein mit dem Mofa nach Aarau fahren zu lassen, als er eines Abends mitteilte, er fahre jetzt zu den Großeltern.

Manches innere Bild hatte zuerst ihre Sichtweise und dann die der gesamten Familie verändert und zu einer unerwarteten Wende in Simons Entwicklung geführt. Die Mutter dachte an seine Sprach-entwicklung, die lange nicht vorangeschritten war. Monatelang konnte er nur fünf Wörter sprechen. Hatte sie ihm mit Mühe ein sechstes beigebracht, verlernte er eins der ersten fünf wieder. Simon war damals vier Jahre alt.

Da tauchte plötzlich die Idee auf, sie selbst müsse einmal an Simons Stelle neue Wörter üben. Die Mutter versuchte sich in den kleinen Simon hineinzuversetzen, so intensiv, dass sie das Gefühl hatte, sie spüre seinen kloßigen Hals und könne nur mit größter Konzentration die Muskeln bewegen, die für das Sprechen erforderlich waren. Dann sprach sie Wörter, die sich tief in ihr stimmig anfühlten: »Hunger«, »kalt« und »heiß« und die Namen der Geschwister. Nach drei Tagen fing Simon an, neue Wörter zu sprechen. Er sagte allerdings nicht »Hunger«, sondern »essen«. Beim Baden rief er zur Überraschung aller plötzlich: »kalt«.

Dieser sonderbare Ansatz, über den Experten vermutlich die Köpfe schütteln würden, schien sich zu lohnen.

Andererseits hatten einige missratene Förderversuche Simons Eltern verdeutlicht, wie man es besser nicht machen sollte. Mit dem zweijährigen Simon waren sie zusammen mit den Großeltern nach England gereist, weil dort ein besonderes Förderprogramm für Kinder mit geistiger oder körperlicher Behinderung angeboten wurde. In England lernten sie, was alles mehrmals täglich geübt werden sollte: robben, Pinzettengriff, passive Überkreuzbewegungen und Hindernislauf durch die Stube, dazu noch taktile Übungen, um kalt, warm, rau, fein, spitz etc. zu unterscheiden. Zuhause nahm die Mutter das Programm in Angriff. Nach drei Tagen waren Simon und seine Mama am Ende.

»Hört auf mit diesem Mist!«, sagte der Vater.

Hatten sie nur Unnützes gelernt? Nein. Manche Übungen waren durchaus sinnvoll, doch die Vorgaben, wann Simon was zu tun hatte, waren unbrauchbar. Ein starres Förderprogramm überforderte sie beide, aber einzelne Übungen daraus ließen sich doch in den Alltag einflechten.

Auch bei der Wahl des Kindergartens hatte Simon mitentschieden. Am Regelkindergarten im Dorf zeigte er sich sehr interessiert. Beim Besuch des heilpädagogischen Kindergartens dagegen versteckte er sich die ganze Zeit unter Mamas Pullover und kam erst wieder hervor, als der Ausgang in Sicht war. Da die Kindergärtnerin im Dorf sich bereit erklärte, Simon aufzunehmen, war auch das Schulamt damit einverstanden. Ihre Sorge, dass sie zu wenig heilpädagogische Kenntnisse habe, schwand, als der Vater versicherte, sie würde alle Unterstützung erhalten, die Eltern geben können.

Die erste Zeit im Kindergarten war die Mutter immer mit dabei gewesen. Anfangs saß Simon im Kreis wie alle anderen Kinder oder er entdeckte im freien Spiel die neue Welt. Es sah so aus, als brauche er die Mama nicht. Kaum wollte sie sich jedoch von ihm verabschieden, umklammerte er sie und wollte nach Hause. Das wiederholte sich einige Male, bis die Mutter ihm erklärte, dass seine Kindergärtnerin kleine Jungs auch sehr gern habe und jeden, der das wolle, in den Arm nehmen würde. Da streckte er seine Ärmchen zu ihr hin. Die junge Frau tat, was Simon erwartete, und Simon winkte strahlend, als seine Mutter nachdenklich und glücklich nach Hause ging. Von den Worten, er sei doch »schon groß«, hatte er sich nicht beeindrucken lassen. Nein, erst als die Erwachsenen seine Bedürfnisse zu verstehen begannen, entschied er, allein im Kindergarten zu bleiben.

Zwei Jahre später traf daheim ein Brief vom Schulamt ein, mit dem der Antrag der Eltern auf Simons Einschulung in eine Regelklasse abgelehnt wurde. Die Mutter war sehr enttäuscht. Trotzdem versuchte sie, all die Vorteile, die der Besuch der heilpädagogischen Schule für Simon und die Familie bringen konnte, mit ihrem inneren Ort hinter dem Brustbein in Resonanz zu bringen. Vergeblich.

Simon lag wie niedergeschlagen auf seinem Bett, er wirkte apathisch – bis zu jenem Moment, in dem die Mutter beschloss, Beschwerde einzulegen. Noch bevor sie ein Wort gesprochen hatte, hüpfte er vom Bett und fing an zu tanzen. Irgendwie gelang es Simon, nonverbale Informationen aus der Luft zu filtern.

Das Schulamt war schließlich bereit, das Experiment einer Integrationsklasse an der Primarschule in Ennetbaden zu wagen, unter der Bedingung, dass die Eltern eine Stützlehrerin für acht Stunden pro Woche organisierten und auch bezahlten.

Das Experiment glückte. Simon war begeistert von seiner Schule, machte langsame, aber stetige Fortschritte und hatte viele

Freunde in der Klasse, die er in der Freizeit besuchte oder zu sich einlud. Mittags ging er manchmal zu einer Mitschülerin zum Essen.

Körperlich war Simon den Jungen seines Alters kaum unterlegen. Er rannte nicht ganz so schnell, aber mit mehr Ausdauer als die meisten Altersgefährten. Schwimmen konnte er besonders gut. Auf Bergwanderungen im Urlaub machten andere eher schlapp als er. Simon ging gern wandern. Später lernte er das Wellensurfen und das Skifahren und hatte viel Spaß an beidem. Und er sah auch sportlich aus.

Als sein älterer Bruder Jonas in den Kindergarten gekommen war, hatten die Eltern gemeint, es wäre an der Zeit, ihm beizubringen, dass Simon anders sei als andere Kinder. Jonas hatte entrüstet den Kopf geschüttelt und gesagt: »Simon ist doch nicht behindert!«

Seine Schwester Lea antwortete auf eine Frage ihrer Religionslehrerin: »Nein, Simon ist nicht behindert, er ist sehr stark.« Viele Schulkameraden, die Simon näher kannten, dachten so wie seine Geschwister.

Simons Vater, der jetzt einen Anflug von Müdigkeit spürt, streichelt seiner Frau übers Haar. Es ist gleich Mitternacht. Er unterdrückt ein Gähnen.

Doch die Mutter erinnert sich gerade an andere Elternpaare, mit denen sie damals engen Kontakt hatten. »Weißt du noch, wie wir ins Exil gegangen sind?«, fragt sie.

Nationale Berühmtheit erlangte Simon, als die Fortführung der Integration in der dritten Klasse vom Schulamt abgelehnt wurde. Die Eltern all seiner Klassenkameraden solidarisierten sich daraufhin mit ihm. In einer Nacht- und Nebelaktion meldeten sie ihre Kinder von der öffentlichen Schule ab und gingen miteinander ins »Exil«. Sie gründeten einen Elternverein, der eine Lehrerin und eine Stützlehrerin anstellte und für deren Finanzierung auf Betteltour ging.

Die Gemeinde stellte großzügig in einem Pavillon einen Schulraum zur Verfügung. Kanton und Invalidenversicherung weigerten sich aber, einen Beitrag zu leisten. Darüber wurde in den Medien ausgiebig berichtet. Dank dieser Medienpräsenz kam reichlich Spendengeld zusammen. Das Positive an der schwierigen Situation war, dass die Eltern nun unabhängig von bürokratischen Sachzwängen einen wirklich neuen Weg gehen konnten – auch mit Hilfe interessierter Fachleute.

Simon blieb immer im Klassenverband, die Stützlehrerin war acht Stunden pro Woche für die ganze Klasse anwesend. Von der Individualisierung des Unterrichtes, die für Simon notwendig war, profitierten viele Schüler.

Schwierig wurde es wieder 1998, als die Kinder des Integrationsprojekts in die Oberstufe kamen. Nach wie vor war keine öffentliche Schule bereit, Simons Integration weiterzuführen. Es gab interessierte Lehrer, die das gern getan hätten, aber das Schulamt verweigerte jegliche Unterstützung. Enttäuscht entwickelten die Eltern die Vision einer echten Privatschule. Diesen Weg hatte sich niemand gewünscht, aber er erwies sich als gangbar. Bis es so weit war, musste irgendeine Übergangslösung gefunden werden. Simon machte aus der Not eine Tugend. Er bat die Mutter, bei einem bekannten Lehrer im Nachbarort anzufragen, ob er nicht dort eine Weile zur Schule gehen könnte. Dieser sagte zu, Simon zumindest an einem Tag pro Woche in der Klasse zu unterrichten.

Ein Jahr lang fuhr der Zwölfjährige mit Zug und Bus an wechselnde Orte, wo man bereit war, ihm ein paar Unterrichtsstunden zu geben. Er gewöhnte sich in verschiedene Klassen ein, benutzte selbstständig öffentliche Verkehrsmittel und kam im ganzen Kanton herum.

Da Simon immer schon einen großen Freiheitsdrang hatte, kam ihm das sehr gelegen. Er lernte, wie man Fahrpläne liest, in den richtigen Zug einsteigt und vieles mehr. Ein geschätzter Begleiter war in dieser Zeit sein Handy: Damit konnte er Kontakte zu seinen Freunden pflegen und übte gleichzeitig schreiben und lesen. Es war aber auch sein Rettungsanker, wenn er doch einmal im falschen Zug saß, was sehr selten vorkam.

Sommerurlaub – auf zum Wellensurfen im Meer!

Um die schulfreien Tage zu füllen, begann er Saxophon zu spielen und entlockte diesem Instrument die interessantesten Klänge.

Sehr gern beschäftigte sich Simon während dieses Überbrückungs-jahres auch mit seiner Schwester Lea. Er war der große Bruder, dem die acht Jahre jüngere Lea grenzenlos vertraute. Wenn Simon mit ihr eine Zugreise zu den Großeltern machte, fühlte sie sich sicher. Einmal fragte Lea ihn: »Hat Gott uns aus Lehm gemacht?«

»Nein«, erklärte Simon mit der größten Selbstverständlichkeit, »er hat uns Kraft gegeben. Gott ist die Kraft in uns.«

Immer wieder verblüffte Simon seine Eltern mit Kommentaren zu Fragen, welche die Menschheit bis heute bewegen. Einmal hatte die Mutter das Gefühl, sie müsste Simon auf irgendeine Weise aufklären, da die ersten Schamhaare zu sehen waren und er noch mit Vergnügen nackt herumlief. Er winkte ab und sagte: »Ich weiß schon, das ist die Prinzenkraft in mir.« Von da an hielt er sich an die kulturellen Regeln.

In der Privatschule, die 1999 in Aarau ihre Tore öffnete, waren alle Kinder willkommen, egal welche Begabungen und Schwierigkeiten sie hatten. Simon war von Beginn an ein wichtiger Teil. Oft hatte er sogar eine Art Barometerfunktion für die Lehrkräfte: Nahm seine Konzentration ab, dann hatten meist auch andere Kinder den Faden verloren. War er motiviert, arbeiteten auch die anderen mit.

Ging es Simon zu schnell und die Lehrer bemerkten dies nicht, packte er seine Schreibutensilien aus und begann, jemandem einen Brief zu schreiben. Oder er strickte an einem Schal oder übte sich im Zählen. Langweilig war ihm nie, denn er konnte sich seine eigenen Lernziele stellen.

Die Erinnerung an Simons erste Jahre in Aarau lässt beide Eltern schmunzeln. Bis heute sagt Simon, der mathematisch nicht viel weiter als ein Zweitklässler ist, er mache gern Mathe. Das ist selten, aber kein Wunder. Denn Simon hat immer erlebt, dass seine individuelle Leistung honoriert wurde.

Ein Höhepunkt seiner Schulkarriere war die Theorieprüfung fürs Moped, die Simon – dank dem Einsatz der Lehrkräfte und seinem Durchhaltevermögen – ohne einen einzigen Fehler absolvierte. Nach dem Gesetz wäre es ihm nun erlaubt gewesen, ein Mofa zu fahren. Eine praktische Prüfung war nicht vorgesehen.

Weil den Eltern das zu riskant erschien, baten sie das Verkehrsamt, mit Simon eine praktische Prüfung durchzuführen. Die bestand Simon nicht. Also erhielt er Fahrstunden, wie sie für richtige Motorräder vorgeschrieben sind. Zusätzlich übte der Vater mit ihm die Verkehrsregeln. Danach kam Simon ohne Probleme durch die Prüfung. Die Prüfer waren nicht so unsicher wie die Eltern. Sie ließen sich weder vom medizinischen Begriff Down-Syndrom noch von allgemeinen Aussagen über geistige Behinderung beeindrucken, sondern schauten, wie Simon Motorrad fuhr.

Nachdem er die Führerscheinprüfung bestanden hatte, bekam Simon ein eigenes Mofa, das ihm fortan ungeahnte Freiheiten ermöglichte.

Im letzten Schuljahr wurde die Privatschule in Aarau auch von der Schweizer Invalidenversicherung anerkannt. Das hatte finanzielle Vorteile für die Schule, aber den Nachteil, dass nun viele Anfragen von Eltern behinderter Kinder eintrafen, die nicht berücksichtigt werden konnten, da die Integrationsschule sich sonst wieder zu einer Sonderschule entwickelt hätte.

In der neunten Klassenstufe wurden von der Schule Schnuppertage in Handwerksbetrieben organisiert, an denen Simon mit Begeisterung teilnahm. Beim Bäcker wie beim Maler gefiel es ihm ausnehmend gut. Noch mehr aber interessierten ihn Tiere, zumal er inzwischen reiten gelernt hatte und nach der Schule gern in einem Stall aushalf.

Eine Schnupperwoche im Zürcher Zoo ließ sich zunächst nicht realisieren, da Simon dem Anforderungsprofil nicht entsprach. Zwei Monate später nahm die Mutter auf sein Drängen hin erneut Kontakt mit dem Zoo auf, und diesmal ließ man sich auf einen Dialog ein. Die Eltern fanden Ansprechpartner, die bereit waren, ein Experiment zu wagen: Schritt für Schritt eine für Simon maßgeschneiderte Tierpflegerlehre zu entwickeln.

Als Simon nach einem Volontariatsjahr im Zoo tatsächlich eine Lehrstelle mit Schulbesuch angeboten bekam, war klar, wofür er sich entschied. Diese Ausbildung war für ihn eine rundum glückliche Zeit. Seine Betreuer nahmen ihn als Lehrling ernst und hatten die Geduld, Simon in seinem Tempo zu begleiten. Jeden Donnerstag besuchte er die Berufsschule, ohne eine Prüfung ablegen zu müssen. Ein Stützlehrer, von der Invalidenversicherung bezahlt, half ihm den Stoff zu bewältigen.

106

Die Chefin sagte zum Schluss, dieser Weg sei natürlich eine Herausforderung gewesen – nach zwei Schritten vorwärts sei regelmäßig einer rückwärts gefolgt. Aber insgesamt habe es immer Fortschritte gegeben und man sei nie an eine Grenze gekommen, wo man hätte sagen müssen, nun gehe es nicht weiter.

Simon musste jeden Morgen um halb sechs aufstehen, damit er um sieben in Zürich bei der Arbeit war. Selten kam er vor sieben Uhr abends nach Hause. Da blieb kaum mehr Zeit für Musik oder andere Hobbys. Aber Simon machte alles gern, wozu er sich selbst entschlossen hatte.

Begriffe wie »angenehm« oder »unangenehm« gab es für ihn nicht, nur »Ich will« oder »Ich will nicht«. Simon lernte, sorgfältig zu putzen und Ordnung zu halten. Die Ansprüche waren höher als beim Bauern, dem er im Stall geholfen hatte. Einer der Tierpfleger erklärte ihm, er müsse so putzen wie daheim, wenn er Besuch bekäme, denn im Zoo hätten sie jeden Tag Besuch. Simon lernte auch, sich zu beherrschen: Er durfte weder schreien noch schimpfen, wenn die Tiere nicht machten, was er wollte. Er musste mit Geduld und allerlei Tricks Tiere aus dem Stall treiben, um das Gehege gefahrlos putzen zu können. Er musste Vorbild sein für die Zoobesucher.

Am seidenen Faden hing seine Ausbildung, als Simon einmal einer Volontärin, die sehr nett zu ihm war, einen Kuss geben wollte. Damit hatte die junge Frau nicht gerechnet. Die Angst, dass Simon seine Sexualität nicht unter Kontrolle haben könnte, war riesig. Ihm wurde klar gemacht, dass er viel strengere Regeln einhalten müsse als andere junge Menschen.

Die Mutter schluckt, der Vater lehnt sich zurück und schüttelt heftig den Kopf. Auch für Simon war diese Erfahrung schmerzhaft und lehrreich gewesen. Seitdem scheint er zu spüren, wenn Frauen Angst haben. Heute ist er sehr zuvorkommend gegenüber Frauen – und sehr vorsichtig.

Nach den drei Lehrjahren wurde Simon mit einer Party im Zoo herzlich verabschiedet, da es am Zürcher Zoo keine Stelle für ihn gab. Eine Anstellung als Tierpfleger auf dem freien Arbeitsmarkt zu finden, erwies sich als schier aussichtslos, erst recht für jemanden, der etwas langsamer war als die anderen.

Für kurze Zeit arbeitete Simon in einem kleinen Zoo eines Nachbarortes. Dort war er nicht glücklich. Er musste in den Pausen alleine essen und fand, die Tiere hätten es nicht gut und er dürfe nicht wie gewohnt arbeiten. Simon weinte sogar am Tisch. Der Arbeitsvertrag war schnell beendet, als die Verantwortliche sagte, Simon sei unbrauchbar, er zittere sogar vor einem kleinen Hund. Die Eltern wussten, dass Simon nicht vor dem Hund zitterte, sondern vor der Vorgesetzten.

Weil sich keine neue Stelle fand, blieb Simon zu Hause und lernte kochen, waschen, einkaufen und »planen«. Er spielte Saxophon, ging schwimmen, traf sich hin und wieder mit ehemaligen Klassenkameraden und durfte ehrenamtlich in dem Ponystall mitarbeiten, wo er reiten gelernt hatte. Allmählich begann er sich seinen eigenen Bekanntenkreis aufzubauen.

In dieser Zeit entdeckte er auch den *Laufclub 21*, einen in Bayern gegründeten Sportverein, in dem Menschen mit und ohne Down-Syndrom gemeinsam Ausdauersport treiben. Es gefiel ihm gut, mit seinem Laufpaten zu trainieren. Der erste 13-Kilometer-Lauf nach fast einem Jahr Vorbereitung war eine Riesenherausforderung für beide. Simon kam als Letzter ins Ziel, als schon alles abgebaut wurde. Doch da packte es ihn erst recht. Er fing an zu erzählen, dass er viel besser denken könne, wenn er gelaufen sei. Die Eltern merkten auch, dass er, wenn er einmal schlecht gelaunt war, nur eine Weile laufen musste. Dann kehrte er strahlend zurück. Simon sagte auch: »Es ist so schön im Wald, wenn die Sonne durch die Blätter scheint und der Wind weht.« Auf seinen langen Läufen begann er manches wahrzunehmen, was er früher nicht gesehen hatte.

Simon und sein Laufpartner

Obwohl Simon schon über 20 Jahre alt war, machte er intellektuell nochmals einen richtigen Entwicklungssprung. Das lag sicher auch daran, dass er erwachsen wurde und mehr Verantwortung übernahm.

Zusammen mit seinem Trainingspartner setzte er sich immer wieder neue sportliche Ziele. Und Simons Willensstärke zahlte sich aus: Inzwischen hat er mehrmals die Marathondistanz bewältigt und hält den (inoffiziellen) Marathon-Weltrekord für Läufer mit Down-Syndrom. Im Gegensatz zu anderen Langstreckenläufern fällt es ihm jedoch nicht schwer, auch einmal kurz vor dem Ziel aufzuhören, wenn er spürt, dass »heute nicht sein Tag« ist.

Außerdem begann Simon in einem Jugendtreff der Gemeinde seine Freiheiten auszuprobieren. Als er merkte, dass er dieser Altersgruppe entwachsen war, besuchte er verschiedene Konzertlokale und fand schließlich eins mit einer kleinen Bar, wo er hinter der Theke helfen konnte. Das Trinkgeld durfte er behalten.

Besonders stolz war er darauf, dass er sich diese Stelle allein gesucht hatte und oft mit einem ordentlichen Trinkgeld nach Hause kam. Einmal nahm er selbstgebackene Brownies mit an die Bar, die sich im Nu verkaufen ließen. Daraus entwickelte sich ein kleines Geschäft: am Nachmittag backen, abends mit Gewinn verkaufen und als Bäckermeister gefeiert werden – das war ein Arbeitsleben, wie es Simon gefiel.

In der Bar lernte Simon, mit Geld umzugehen. Anfangs brauchte er dabei Hilfe. Bestellte jemand drei Bier, rief Simon laut »drei Bier«, und irgendeiner seiner Freunde sagte ihm dann, wie viel das koste. Mit ernster Miene servierte Simon das Bestellte und verlangte den richtigen Betrag. Die Freunde halfen ihm auch, das Wechselgeld zu errechnen, das er herausgeben musste. Später entdeckte er sein Handy als Rechenmaschine und war nicht mehr auf andere angewiesen. Auch das gewissenhafte Zusammenzählen seiner Einnahmen trug dazu bei, dass er sich in der Zahlenwelt bald besser zurechtfand.

Beim Cocktail-Mixen in der Bar

Im Sommer 2011 wurde Simon die Stelle eines Hauswartes an seiner ehemaligen Schule angeboten, die er seitdem innehat. Zum ersten Mal erhielt er einen Lohnausweis und ein regelmäßiges Einkommen.

Die Schüler sagen »Herr Federer« zu ihm und respektieren ihn. Simon macht alle Arbeiten gern, ganz gleich, ob er Compu-

Zu Simons Aufgaben gehört auch das Kehren der Klassenzimmer

ter anschalten, einkaufen oder die Toiletten putzen soll. Er weiß, dass jede Arbeit wichtig ist und Zuverlässigkeit erfordert. Was zu tun ist, bespricht Simon morgens mit seiner Chefin. Kontrolliert werden muss er bei der Arbeit nicht.

112

Manchmal regen ihn Kinder auf, die achtlos leere Getränkedosen fallen lassen oder ihre Mitschüler ärgern. Früher hätte es ihn Mühe gekostet, da nicht »auszurasten«. Heute überlässt Simon die Erziehungsarbeit den Erziehern. »Ich denk mir meinen Teil«, sagt er.

Wenn Simon daheim Erlebnisse aus der Schule erzählt, gibt es aber auch viel zu lachen. Einmal sollte er Bücherregale reinigen. Als die Lehrerin kurz ins Zimmer kam, war das Regalbrett zwar sauber, aber alle Bücher neu geordnet. Die Lehrerin stöhnte und bat Simon, doch die Reihenfolge der Bücher beim Einordnen einigermaßen zu bewahren. Später fand sie die anderen Bücher in perfekter Ordnung vor. Auf ihre Frage, wie er das gemacht habe, gab Simon trocken zur Antwort: »Ich habe gesehen, dass du gestresst warst. Deshalb hab ich mit meinem iPhone ein Foto vom Regal gemacht und die Bücher genauso eingereiht, wie sie auf dem Foto waren.« Solche Probleme löst Simon eben auf seine Weise.

Behindert fühlt sich Simon nicht. Er weiß, dass er langsamer lernt als andere, mit Anstrengung aber vieles erreichen kann, was er will. Seine Geschwister haben die Mutter meistens lachend korrigiert, wenn sie ihm zu wenig zutraute. Jetzt staunen auch sie zuweilen über Simon: wie mühelos er zum Beispiel seine Arbeit als Schulwart und den Job an der Bar unter einen Hut bringt. Und die Eltern haben gelernt, dass Simon mit Humor und Leichtigkeit viel eher zu motivieren ist als durch Vorwürfe oder Belehrung. Das Vertrauen in ihn ist Jahr um Jahr ein großes Stück gewachsen.

Für seinen Lebensunterhalt kann er heute weitgehend selbst aufkommen. Simon erhält zwar noch eine Rente von der Schweizer Invalidenversicherung, allerdings ohne Ergänzungsleistungen. In der Schule und an der Bar verdient er ungefähr 1 000 Franken im Monat. So viel erlaubt die Invalidenversicherung, ohne dass die Rente gekürzt wird.

Bald wird er in seine eigene Wohnung ziehen – eine Zweizimmerwohnung in der Altstadt von Baden, die er allein ausgesucht hat und auch selber einrichten will. Dann wird er regelmäßig Freunde zum Essen einladen.

Simon mit einer Freundin

Ein Chromosom mehr zu haben, kann Nachteil oder Vorteil sein. Das fiel vor Jahren schon den Kindern auf – beim Spiel: »Wer hat die längste Zunge?«, das Simon immer haushoch gewann. Simon weiß, dass mit den Chromosomen Eigenschaften vererbt werden. Es war spannend für ihn, herauszufinden, wer die Nase vom Großvater geerbt hat und wer die geschickten Hände der Großmutter.

Ein Chromosom mehr ist etwas anderes als eins zu viel.

Damit, dass er als Einziger in der Familie ein drittes Chromosom mit der Nummer 21 besitzt, geht Simon heute souverän um. Auch gegenüber Journalisten. Weil vor kurzem ein neuer vorgeburtlicher Test auf den Markt kam, mit dem diese Besonderheit »rechtzeitig« in den ersten zwölf Schwangerschaftswochen festgestellt werden kann, stellte ein Zeitungsreporter ihm einige Fragen. »Das ist meine Sache, dass ich ein Chromosom mehr habe. Ich bin glücklich damit«, erklärte Simon.

Ein Uhr nachts. So viele Erinnerungen an einem einzigen Abend. Es ist gut, dafür Zeit zu haben und Dankbarkeit zu spüren. Mit Simon haben die Eltern gelernt, auf Impulse zu vertrauen, die rational oft nicht zu fassen waren. Und immer wieder gingen im entscheidenden Moment neue Türen auf.

Simons Eltern erheben sich, um zu Bett zu gehen.

Sie wissen, dass sie es ohne Unterstützung durch unterschiedlichste Helfer nie geschafft hätten. Seit über fünfundzwanzig Jahren wissen sie aber auch, dass ein Kind wie Simon keine Katastrophe ist, sondern eine Chance, dem Leben vertrauen zu lernen, und ein Geschenk, das sie für nichts auf der Welt wieder hergeben würden.

Man braucht sie nur zu fragen.

Nachwort
von Cora Halder

Geschichten über erwachsene Menschen mit Down-Syndrom, aus dem Leben gegriffen und in Buchform zusammengefasst, sind noch eine Seltenheit. Wenn über diese Menschen geschrieben wurde, dann in der Fachliteratur, und dort meist aus medizinischer Sicht.

Holm Schneider hat nun einen Anfang gemacht. Er hat Lebensgeschichten junger Frauen und Männer mit Down-Syndrom gesammelt, hat sich mit ihnen und ihren Familien unterhalten, hat manche an ihrem Arbeitsplatz besucht und mit ihren Arbeitgebern gesprochen. Ihm ging es darum aufzuzeigen, wie diese jungen Menschen allen Schwierigkeiten zum Trotz heute in der Arbeitswelt angekommen sind. Denn sie alle haben einen Platz gefunden, an dem es ihnen gut geht, sie leisten wertvolle Arbeit und fühlen sich ernst genommen.

Mich berühren diese Geschichten tief – einmal, weil ich einige der jungen Menschen als Kinder erlebt habe und es einfach schön ist, zu lesen und zu staunen, was aus ihnen geworden ist! Vieles ist mir zudem vertraut, habe ich doch Ähnliches mit meiner eigenen Tochter erlebt und kann Sorgen und Freuden der Eltern gut nachvollziehen. Es sind bewegende Geschichten, die einen Blick in den oft nicht einfachen Alltag dieser Familien gewähren, die ständig auf der Suche sind nach der besten Spiel- oder Lernumgebung und später nach einem passenden Wohnort und Arbeitsplatz für ihre Töchter und Söhne.

Nicht nur im schulischen Bereich hat sich in den letzten Jahren einiges verändert. Auch zum klassischen Arbeitsplatz in einer Werkstatt für Menschen mit Behinderung entstehen allmählich Alternativen. Neue Berufsbilder werden entwickelt, »Arbeitsnischen« entdeckt, neue Möglichkeiten tun sich auf, im Rahmen der Werkstätten ebenso wie auf dem allgemeinen Arbeitsmarkt. Auch hier ist Inklusion kein Fremdwort mehr.

Solche neuen Perspektiven zeigt Holm Schneider an Hand von Beispielen auf, um Menschen mit Down-Syndrom, ihre Familien, Freunde und Lehrer sowie Arbeitsvermittler und Arbeitgeber zu ermutigen, ungewohnte und vielleicht unübliche Wege zu gehen. Die Eltern der sieben jungen Leute, die in diesem Buch beschrieben werden, sind neue Wege gegangen, sie haben auch dann nicht aufgegeben, wenn die Dinge nicht glatt liefen – und sie laufen für Menschen mit Down-Syndrom selten glatt, daran haben sich die Eltern über die Jahre gewöhnt.

Der Weg zu einem passenden Arbeitsplatz erfordert von den Familien viel Handlungsgeschick, Ausdauer, Kreativität und gute Nerven. Nahezu unverzichtbar ist dabei die Unterstützung durch einen Integrationsfachdienst, der mithilft, viele Steine aus dem Weg zu räumen. Und auch die jungen Menschen selbst sind in hohem Maße gefordert. Sie müssen in der Regel verschiedene Praktika absolvieren, bis endlich passende Aufgaben im richtigen Umfeld gefunden sind. Da ist Flexibilität gefragt. Sie müssen lernen, mit Enttäuschungen umzugehen, wenn zum Beispiel ein Praktikum nicht verlängert wird, keine Übernahme in ein reguläres Arbeitsverhältnis erfolgt oder wenn sie Mitmenschen begegnen, die ihnen gegenüber nicht offen, sondern voreingenommen und ablehnend sind.

Wenn jedoch am Ende ein Arbeitsvertrag unterzeichnet werden kann und ein Arbeitsplatz wartet, wo neben den Aufgaben und

Cora Halder mit ihrer Tochter Andrea

Herausforderungen auch die Kolleginnen und Kollegen »stimmen«, ist die Freude groß. Beispiele aus Ländern, in denen es schon mehr und langfristige Erfahrungen gibt, zeigen, dass Arbeitnehmer mit Down-Syndrom sehr zuverlässig und engagiert ihrer Arbeit nachgehen, dass sie kaum krankheitsbedingt fehlen und sich ihrer Firma absolut zugehörig fühlen.

Ein Patentrezept für den einen richtigen Weg zum passenden Arbeitsplatz gibt es nicht. So individuell Menschen mit Down-Syndrom sind, so unterschiedlich werden ihre Wege sein, auch das ist diesem Buch zu entnehmen. Und die sieben Geschichten drehen sich nicht nur um Arbeitsplätze, sondern erzählen viel über das, was auf dem Weg dorthin passiert ist. Bei keiner Familie ging alles glatt – gesundheitliche Probleme, Ausgrenzung oder Widerstand seitens der Behörden gehörten zum Alltag.

Was soll aus diesem Kind bloß werden? Fragen nach der Zukunft ihres Kindes stellen sich wohl alle Eltern schon bei seiner Geburt und kennen die Antwort nicht. Dass auch aus Babys mit Down-Syndrom etwas werden kann, zeigen uns die Beispiele aus diesem Buch. Das macht zuversichtlich. Es ist also durchaus legitim, Zukunftsvisionen für sie zu entwickeln, genauso wie man es für ihre Geschwister tut.

Ich wünsche dem Buch viele Leser, nicht nur unter »Insidern«, die Menschen mit Down-Syndrom auf ihrem Lebensweg begleiten. Menschen mit Down-Syndrom selbst können sich von den Lebensläufen der anderen anregen lassen. Für »Outsider«, vor allem für Lehrer und Arbeitsvermittler, können die Geschichten eine Inspiration sein und Hinweise darauf geben, wohin die Lebensreise gehen kann. Arbeitgeber, für die eine Mitarbeiterin oder ein Mitarbeiter mit Down-Syndrom unvorstellbar ist, werden das Buch höchstwahrscheinlich nicht kaufen – sie sollten es geschenkt bekommen!

Es ist erfreulich und wichtig, dass ein Autor wie Holm Schneider sich dieser aktuellen Thematik angenommen hat, und ich hoffe, dass von den ausgewählten Geschichten vielerorts neue Impulse ausgehen und die Diskussion über Inklusion auf dem Arbeitsmarkt kräftig angefacht wird.

Cora Halder

Geschäftsführerin des Deutschen Down-Syndrom InfoCenters, Präsidentin der European Down Syndrome Association (EDSA)

Zum Autor

HOLM SCHNEIDER (geb. 1969) arbeitet als Professor für Kinder-
heilkunde am Universitätsklinikum Erlangen und setzt sich seit
vielen Jahren für Kinder und Jugendliche mit genetischen Besonderheiten ein.

Er ist ehrenamtlich in einem Sportverein für Menschen mit
Down-Syndrom (Laufclub 21) sowie im Bundesvorstand der

*Holm Schneider (hintere Reihe, 2. von rechts) mit
Läuferinnen und Läufern des Laufclub 21*

Aktion Lebensrecht für Alle e. V. tätig und leitet den medizinischen Beirat der Selbsthilfegruppe Ektodermale Dysplasie.

Holm Schneider ist verheiratet und Vater von sechs Kindern. Auf längeren Bahnreisen schreibt er Bücher für Kinder und Erwachsene (siehe auch www.stachelbart-verlag.de).

Im Neufeld Verlag erscheint im Januar 2015 das Kinderbuch *Ein Baby im Bauch*, illustriert von Peter Guckes:

In Mamas Bauch ist ein Baby! Das hat sie selber gesagt. Schade, dass man noch gar nichts davon sehen kann. Und dass es so lange dauert, bis es geboren wird. Wie groß ist das Baby jetzt? Kann es mich schon hören? Wie merkt es, ob's draußen dunkel ist oder die Sonne scheint? Schläft es dann, wenn wir auch schlafen?

Dieses Buch gibt Antworten: Woche für Woche, auf dem neuesten Stand der Wissenschaft – doch schon für Vierjährige verständlich.

Danksagung

Allen voran und ganz besonders herzlich danke ich meinen Mit-autoren: den Eltern sowie Kolleginnen und Kollegen von Anita, Jan, Magdalena, Tobias, Anna, Conny und Simon. Danke, dass Sie so viele Erlebnisse, Fotos und Erinnerungen mit mir geteilt haben. Ohne Sie gäbe es dieses Buch nicht! Danke, dass Sie anderen Mut machen, mit besonderen Kindern zu wachsen – manchmal weit über sich hinaus. Danke für Ihren persönlichen Beitrag, das Wort Inklusion mit Leben zu füllen.

Mein herzlicher Dank gilt auch Ihnen, den Eltern, die genauso ent-schlossen darum gekämpft haben, doch letztlich gescheitert sind – an einem undurchdringlichen Dickicht aus Vorurteilen … Ihr Einsatz war nicht vergebens! Sie und Ihre Kinder haben Schneisen in das Dickicht geschlagen. Vor Ihnen verneige ich mich genauso wie vor den Eltern jener, deren Inklusion heute als ermutigendes Beispiel dienen kann. Denn es ist kein individuelles, sondern ein gesellschaftliches Problem, dass Menschen mit Down-Syndrom weit mehr als andere auf glückliche Umstände angewiesen sind.

Dem Team des Neufeld Verlages und seinem Motor, David Neufeld, danke ich für das große Interesse an diesem Buch, die konstruktiven Anregungen und die durchweg sehr gute Zusam-menarbeit.

Sowieso und zeitlebens dankbar bin ich Anne, meiner lieben Frau, für ihre Unterstützung und Geduld mit einem Mann, der sie nach romantischen Sommerurlaubsabendspaziergängen allein zu Bett gehen lässt, um noch schnell ein Buch fertigzuschreiben.

Holm Schneider

Kontaktadressen

Deutschland

Deutsches Down-Syndrom
InfoCenter
Hammerhöhe 3
D-91207 Lauf an der Pegnitz
Telefon 0 91 23/98 21 21
Telefax 0 91 23/98 21 22
www.ds-infocenter.de

Down-Syndrom Netzwerk
Deutschland e. V.
Fröbelstr. 125
D-50767 Köln
Telefon 02 21/16 83 19 88
Telefax 02 21/9 17 15 98
www.down-syndrom-netzwerk.de

Bundesvereinigung Lebenshilfe
für Menschen mit geistiger
Behinderung e. V.
Raiffeisenstraße 18
D-35043 Marburg
Telefon 0 64 21/4 91-0
Telefax 0 64 21/4 91-1 67
www.lebenshilfe.de

Bundesarbeitsgemeinschaft für
Unterstützte Beschäftigung
(BAG UB) e. V.
Schulterblatt 36
D-20357 Hamburg
Telefon 0 40/43 25 31 23
Telefax 0 40/43 25 31 25
info@bag-ub.de
www.bag-ub.de

Bundesarbeitsgemeinschaft
der Integrationsämter und
Hauptfürsorgestellen (BIH) GbR
Von-Vincke-Straße 23–25
D-48143 Münster
Telefon 02 51/5 91-38 63 und -42 82
Telefax 02 51/5 91-71 42 82
www.integrationsaemter.de

Bundesministerium für Arbeit
und Soziales (BMAS)
Wilhelmstraße 49
D-10117 Berlin
Telefon 0 30/1 85 27-0
Telefax 0 30/1 85 27-18 30
info@bmas.bund.de
www.bmas.de

Schweiz

insieme 21
CH-8000 Zürich
Telefon 0 55/243 18 55
www.insieme21.ch

Bundesamt für
Sozialversicherungen
Effingerstraße 20
CH-3003 Bern
Telefon 0 31/322 90 11
Telefax 0 31/322 78 80
www.bsv.admin.ch

INSOS Schweiz
Zieglerstraße 53
CH-3000 Bern 14
Telefon 0 31/385 33 00
Telefax 0 31/385 33 22
info@insos.ch
www.insos.ch

Österreich

Down-Syndrom Österreich
Fadingerstraße 15
A-5020 Salzburg
www.down-syndrom.at

dabei-austria
Dachverband Berufliche
Integration Österreich
Parhamerplatz 9
A-1170 Wien
Telefon 06 50/2 07 01 11
www.dabei-austria.at

Bundessozialamt – BSB
Babenbergerstraße 5
A-1010 Wien
Telefon 05 99/88
Telefax 05 99/88-20 30
bundessozialamt@basb.gv.at
www.bundessozialamt.gv.at

Sonstiges Europa

EDSA – European Down
Syndrome Association
www.edsa.eu